企业管理实践案例丛书

海南经验

优秀企业案例集萃

傅国华　李世杰◎编著

HAINAN EXPERIENCE

THE CASES OF OUTSTANDING ENTERPRISES IN HAINAN

中国经济出版社
CHINA ECONOMIC PUBLISHING HOUSE
北京

图书在版编目（CIP）数据

海南经验：优秀企业案例集萃 / 傅国华，李世杰编著.
北京：中国经济出版社，2016. 12
（企业管理实践案例丛书 / 李世杰主编）
ISBN 978 - 7 - 5136 - 4552 - 2

Ⅰ. ①海… Ⅱ. ①傅…②李… Ⅲ. ①企业管理—案例—海南 Ⅳ. ①F279. 276. 6

中国版本图书馆 CIP 数据核字（2016）第 308287 号

责任编辑　姜　静
责任审读　贺　静
责任印制　马小宾
封面设计　华子图文

出版发行　中国经济出版社
印 刷 者　北京科信印刷有限公司
经 销 者　各地新华书店
开　　本　710mm × 1000mm　1/16
印　　张　16. 25
字　　数　188 千字
版　　次　2016 年 12 月第 1 版
印　　次　2016 年 12 月第 1 次
定　　价　58. 00 元
广告经营许可证　京西工商广字第 8179 号

中国经济出版社 **网址** www. economyph. com **社址** 北京市西城区百万庄北街 3 号 **邮编** 100037

本版图书如存在印装质量问题，请与本社发行中心联系调换（联系电话：010 - 68330607）

本书接受国家自然科学基金项目“制度变迁、社会嵌入与订单农业契约稳定性研究”(批准号：71663014)、海南省社会科学基金项目“海南省现代服务业发展与区域经济增长、就业结构的关联机制研究”（批准号：HNSK14－34)、教育部“中西部高校综合实力提升工程计划项目（海南大学)”共同资助。

在本书前期实地调研和素材采集过程中，得到案例企业相关负责人和工作人员的积极配合，海南省委宣传部（文化办）等部门也为本书相关研究提供了部分案例企业的基础素材，在此一并表示感谢。

序　言

案例最早运用于医学界，后来被引入到法学界。工商管理学界引入案例则始于20世纪初，哈佛商学院在其间扮演了重要的启蒙角色，至今仍为翘楚——哈佛商学院目前已经形成了包括高质量的案例教材与教辅材料、支撑案例教学的信息系统、支持教师采编案例的制度设计以及市场化的案例推广等在内的日趋完美的案例开发系统。

对于案例的概念，目前比较认同的观点是：案例是对现实生活中某一具体现象的客观描述；而管理案例侧重于忠实记录产业实践中，企业管理者所面临的真实管理问题，以及管理者面对问题制定决策过程中所必须依赖的有关事实、观点和偏见。管理案例必须具有典型性，能够引起学界、业界相关人士对案例所呈现问题进行深入思考，并探索、形成具有一定普遍性的企业管理经验借鉴。管理案例虽然是以故事的形式来描述管理情境，但必须真实地呈现管理实践中的事件全过程或部分过程，而不能虚构情节和内容。同时，考虑到文本内容的可读性，管理案例描述过程中往往运用适度的文艺修辞等表达手法，甚至可以穿插一些文学化、戏剧化的冲突场景——当然首先要建立在真实的基础之上。由此说来，对于很多商科课程的授课老师在课堂上信手拈来的或真或假、或虚或实的例子，就不能再轻易称为案例了，至少不是严格意义上完整的管理案例。

本书之所以耗费几年时间，投入财力、人力，深入企业经营与管理实践采集管理案例，初衷之一正是为了服务于商学院核心课程的教学工作——在课堂教学中，借助鲜活、生动的管理案例，还原企业经营管理的真实情境，引导学生走进管理实践，设身处地感受商业氛围；达到“寄理论于案例”“融教学于实践”的教学效果，通过案例讨论潜移默化地提升学生们发现问题、分析问题、解决问题的综合能力。

海南省位于中国最南端，是我国唯一的热带省份。内靠粤港澳深华南经济圈地，外邻东南亚地区，处于中国—东盟自由贸易区的地理中心位置。虽然地处南疆的海南是中国最年轻的省份，但其也是我国最大的经济特区并不乏优秀的企业管理实践。例如，凭借1000万元人民币起家，仅用短短20多年时间，就成长为拥有5000亿元资产的海航集团；再例如，脱胎于计划经济体制企业，成功改制、上市并开始海外扩张的海胶集团。这些企业的优秀管理实践对于国内同行企业曾经有过重要启发，或正在影响着国内企业实践的管理变革。特别地，海南是中国唯一的热带海岛省份，四季常青，空气清新，被誉为“回归大自然的好去处，未受污染的长寿岛”，是中国著名的热带旅游胜地。独特的热带滨海旅游资源孕育了一大批以旅游观光为核心业务的企业。包括《非诚勿扰Ⅱ》外景拍摄地的三亚热带雨林天堂、被誉为“琼崖八百年第一山水名胜”的国家首批5A级旅游景区大小洞天，以及呀诺达、槟榔谷等闻名神州的旅游景区。很多旅游企业的成长历程颇具传奇色彩，在成长、发展过程中也涌现了不少可圈可点的管理模式创新。所有这些宝贵的经营经验和管理创新，同样都是改革开放以来中国企业经营管理实践财富的重要组成部分，值得学界、业界去认真总结、悉心提炼，并予以发扬光大，以供岛内外同类企业在运营过程中有选择地借鉴。这也是本书编写团队耗费精力去实地调研海南各行各业中的典型企业并整理成文的又一初衷。

秉持前述初衷和信念，本书编写团队自2014年起，先后多次深入海南省内各地，走进企业经营管理实践。调研企业包括海航集团、海胶集团、海南生态软件园、英利集团（海南公司）、中航特玻、天利集团（印象海南岛）、海马集团、海口市国资公司、三亚海源实业、三亚热带雨林天堂、三亚大小洞天、三道圆融（呀诺达）、保亭槟榔谷、三亚通用航空公司、海南赛诺实业、椰树集团、观澜湖·华谊·冯小刚电影公社、亚洲太平洋酿酒集团（海南公司）、宋城集团（三亚千古情）、灵狮集团（海口数码创意港）、华润水泥（海南公司）、恒大集团（海南公司）等在内的几十家海南岛本土企业或岛外企业海南分部（分/子公司），获得大量一手调研数据、资料。本书编写组在实地调研和素材采集过程中，得到大部分案例企业相关负责人和工作人员的积极配合。海南省委宣传部（文化办）、海南省发改委、海南省工信厅、海南省工商局、海南省人大农委等官方机构为本书提供了部分案例企业素材或对相关调研活动给予了支持。海南大学研究生处和发展规划处也分别为本书的前期调研和结集出版提供了经费支持。在此一并表示感谢。

基于前期较为丰富的调研资料和企业素材，本书编写团队组织力量挖掘案例资源，连续开发一批企业案例，并陆续结集成“企业管理实践案例丛书”出版发行，本书《海南经验：优秀企业案例集萃》即为该系列的第一辑。在此过程中，海南大学傅国华、李世杰、高健、林銮珠、曾峰等多位教师，2013级、2014级国际商务专业研究生都不同程度地参与其中，并以不同方式做出了各自的贡献。就本书稿而言，傅国华教授在全书框架上予以指导，并提供案例调研支持；李世杰教授具体组织安排案例调研、部分案例撰写等工作；高健老师在参与多个案例的开发与撰写之外，还担纲书稿的统稿、校对等工作；林銮珠副教授与曾峰副教授各自独立采编、撰写了一个完整案例。特别需要说明的是，本书从成稿、修改，到出版、面世，与中国经济出版社姜静编辑和她的出版团队的共同努力分不开。借此，向为本书付出努力的所有人致敬！

当然，囿于眼界和视野的局限，精力和能力的制约，以及时间和经费的掣肘，本案例集必然还存在种种不足。对于书稿中的疏漏、不确乃至谬误之处，拜请各位读者通过电子邮件与本书编写组联系（邮箱地址：lshijie@ foxmail. com）。正所谓“一千个读者眼中就有一千个哈姆雷特”（There are a thousand Hamlets in a thousand people’s eyes）——更何况，本书相比于莎翁巨作“*Hamlet*”，不过是明月辉映下的小小萤火。毫无疑义，来自读者的反馈乃至批评，对我们今后的案例开发和研究工作大有裨益，也鞭策着本书编写团队持续地关注海南岛行业发展与企业管理实践，并于斯不断求索。

本书编者

2016 年 9 月

目录
Contents

中联水产集团的一体化战略 / 1

加入 WTO 以后，中国的渔业产业化、市场化进程进一步加快，国内水产加工业进入了高速增长、品牌提升、战略升级和不断国际化的新时代。海南中联水产集团正是该行业发展的缩影之一。本案例聚焦于中联水产集团的公司发展一体化战略，呈现中联集团发展历程以及企业所面临的机遇、威胁，描述了中联集团实施一体化战略的内外部环境及战略选择过程。

海航集团多元化的跨国并购模式 / 27

原本作为地方性航空公司的海南航空，能够在短短 20 多年时间内从单一的地方航空运输企业，发展成为以航空旅游、现代物流和现代金融服务为支柱产业的现代服务业综合运营商，并跻身世界500强行列，不能不说是个奇迹。本案例描述了海航国内扩张与多元化发展过程，重点关注海航并购的重要举措及其国际化布局，试图解释海航国际化并购行为的内在动因与战略指向。

海源实业“公司+农户”模式的演变与创新 / 49

“公司+农户”模式是农业产业化的典型和主体模式，在农业产业化的进程中起着重要作用。但该模式发展过程中也逐渐暴露出一些问题。本案例通过实地调研访谈获得数据资料，探索海源实业模式从“公司+农户”，到“公司+农民合作社+农户”，再到“公司+农民合作社+资金互助社+农户”的发展过程；描述三亚海源实业的“公司+农户”制度演化，呈现海源实业的经营模式演变与创新过程，讨论三亚海源实业在不同发展阶段中“公司+农户”的契约稳定性问题。通过对海源实业动态发展过程的初步解读，寻找“公司+农户”经营模式的一般规律，探索具有中国农村特色的农业产业化制度途径。

“三像”企业文化助飞海南英利 / 69

本案例描写了海南省一家生产、销售太阳能光伏产品的高新技术企业，通过企业文化的疏导转变员工心态，提高员工对企业的满意度和忠诚度，从而获得快速稳健发展的过程。案例着重介绍海南英利在“勤奋、诚实、道德、忠义”核心价值观的指引下，在企业内部营造“像家庭、像学校、像部队”的文化氛围，从而强化员工与企业的心理契约，构建利益共同体的过程，阐释了领导的人格特质、行业特点对企业文化形成的重要影响。

海胶集团的 IPO 之路 / 91

海胶集团的两次上市经历引起业界的广泛关注。本案例着眼于海胶集团的特殊行业背景和发展历程，采用白描方式呈现了海胶集团上市前后的发展状况与证券市场上市的主要历程。案例分析海胶集团的两次招股说明书，并呈现海胶集团为国内证券市场上市所采取的具体行动和相应举措。海胶集团 IPO 的案例解读，无疑对海南省内乃至国内其他地区的农业行业企业、农垦领域企业的战略转型、上市融资等有所启迪。

三亚千古情“文化 + 旅游”模式 / 113

三亚千古情旅游区是宋城演艺总投资 10 亿元打造的文化旅游项目，集演艺、文化、体验为一体。本案例呈现三亚千古情的运营模式，在延续了宋城旅游区总体的“主题公园 + 大型演出”营运模式的基础上，结合三亚本土文化以及多元化的表现方式，成功地将休闲娱乐与文化体验融于一体，开启了三亚文化演艺市场的新篇章。从事文化演艺的企业不在少数，即使在海南这片小市场也有海口印象海南岛、三亚美丽之冠等，三亚千古情的成功，不仅是因其出色的市场定位、敏锐的市场洞察力，更根源于其对本土文化内涵的挖掘能力。

基于价值网络构建的槟榔谷模式 / 133

甘什岭槟榔谷原生态黎苗景区是海南土生土长的文化旅游景区，在短短的十多年时间里，由一个起初占地仅仅几十亩、名不见经传的普通黎族村寨，迅速发展成为国家4A级优秀旅游景区，其成长路径和发展模式值得研究。本案例试图呈现甘什岭槟榔谷原生态黎苗景区在探寻如何通过将竞争转化为合作互赢关系，打造自身价值网络时，形成独有的商业模式，实现企业商业化运营模式与农村发展目标的和谐共生。这无疑也是社会主义新农村模式探索和美丽乡村建设的实践典范。

热带雨林天堂的生态价值观 / 153

《非诚勿扰Ⅱ》中闪现的场面：舒淇走在索桥上，葛优在后面深情地看着她，四面树木葱郁，远处海天相接；舒淇坐在天池边，葛优站在她的身边，天池清澈见底，周围青翠欲滴；舒淇住的房间里面设备高端，窗外鸟语花香……剧中宛若世外桃源的地方就是地处海南省三亚市的亚龙湾热带雨林天堂森林公园。本案例描述了热带雨林天堂的发展历程与项目实施历程中的点点滴滴，呈现项目开发企业保护自然、和谐共生的生态理念。

大小洞天发展有限公司的文化竞争力 / 169

本案例回顾了三亚大小洞天发展有限公司的创业与发展历程，试图呈现以“人性化管理”为核心的文化管理体系，阐释大小洞天如何挖掘中华传统文化，并将之融入企业管理的基本理念之中，探索构造出独特的“山、海、情”三元文化管理模式，并据此形成企业独特的文化竞争力。在市场竞争趋于激烈，企业社会责任意识淡化的今天，大小洞天的文化管理体系或许可以给那些正纠结于市场绩效与社会责任关系的中国企业提供一些借鉴。

天涯网的战略转型 / 191

本案例描述了天涯网络社区的发展历程，呈现了天涯网在快速发展、称雄华人网络论坛之后，面对日新月异的新兴媒体时代，为走出困局而推动公司业务转型，开拓出主打“文化”牌的特色转型之路。企业发展过程中，随时面临着不断变化的竞争格局，如何在未来发展中找到前进的方向，让企业在创新大潮中屹立不倒，不仅仅是天涯人，更是所有企业应该考虑的问题。显然，本案例企业对于所有在创新道路上不断前行的企业都具有启迪价值。

海南春光食品的营销渠道建设 / 215

本案例描述了春光食品有限公司以创新为信仰，不断在产品的生产方面进行创新，通过创新销售渠道增加产品销售量，把直营店、专营店、店中店等传统营销渠道与以网络电子商务为平台的现代营销渠道相结合，探索公司的营销渠道建设。经过十几年的发展，作为海南“第一手信”品牌，春光食品已占据海南特色食品行业的大部分市场份额，其营销体系和渠道建设值得学习和借鉴。

冯小刚电影公社的成长之路 / 231

本案例以白描的方式，呈现了观澜湖·华谊·冯小刚电影公社从项目酝酿、正式启动，到落户海口并投入运营的前后经过，尝试解读了冯小刚电影公社的跨界运营模式及其竞争优势所在，同时也初步思考了冯小刚电影公社可持续发展的问题。应当说，冯小刚电影公社当前的成功并不意味着项目具备了长久的生命力，要想形成未来可持续性的盈利能力，项目运营方还需要在项目内容、运营创新、机制设计等方面做更多的探索。

图表索引 / 243

中联水产集团的一体化战略

采编/撰写：傅国华　杨　璐

加入WTO以后，中国的渔业产业化、市场化进程进一步加快，国内水产加工业进入了高速增长、品牌提升、战略升级和不断国际化的新时代。海南中联水产集团正是该行业发展的缩影之一。本案例聚焦于中联水产集团的公司发展一体化战略，呈现中联集团发展历程以及企业所面临的机遇、威胁，描述了中联集团实施一体化战略的内外部环境及战略选择过程。

一、引言

中国是世界上重要的水产品消费和生产大国，近年来水产品加工业取得了长足发展，已形成冷冻冷藏、干腌制品、罐藏制品、调味休闲食品、鱼糜制品、海藻食品、海洋保健食品、海洋药物等上百个产业门类，推动着渔业生产的健康、可持续发展，在经济和社会发展中发挥着举足轻重的作用。近年来，中国水产品加工行业正处于资源的再次整合阶段。企业除了依靠政府的政策倾斜，更要强化自身的管理，在资金、技术、人员、服务等方面优化配置，只有扩大规模、树立品牌、提高信誉、拉长产业链、增加产品的经济附加值，企业才能在行业中处于优势地位。

海南省拥有200多万平方公里海域，所辖海域拥有海岛（礁、沙洲）280余个，海岸线长1528公里，沿岸天然渔港68个。海南省近海与远海的渔业资源丰富，拥有北部湾渔场、三亚渔场、西中沙渔场、南沙渔场等优质渔场。海洋生物种类超过3000种，鱼类资源1064种；其中，经济鱼类就有80种之多，经济贝类150多种，经济虾类17种。海南全省拥有海洋捕捞渔船2.1万艘，直接从事海洋捕捞生产劳动力超过10万人；海水养殖业发展迅速，深海网箱养殖模式被不断推广。丰富的渔业资源和不断提升的养殖技术，为海南省水产品加工业发展提供了原料保障。海南省的水产品加工规模也不断扩大、加工品种持续增加，已经初步形成冷藏包装、鱼片加工、鱼粉加工、藻类加工、干制品、腌制品、海洋制药以及海洋生物工业品等加工产业。全省水产品加工企业 140 家，年加工能力 41 万吨，中联水产集团（以下简称“中联集团”）就是其中的佼佼者之一。

二、中联集团企业情况概述

中联集团成立于 2007 年，主要经营水产品加工及销售。为确保行业地位，达到利益最大化，近年来不断整合上下游资源，先后组建育苗、养殖基地，水产饲料加工厂等，力图建立完善的水产产业链经营管理模式（公司的组织架构见图 1－1）。

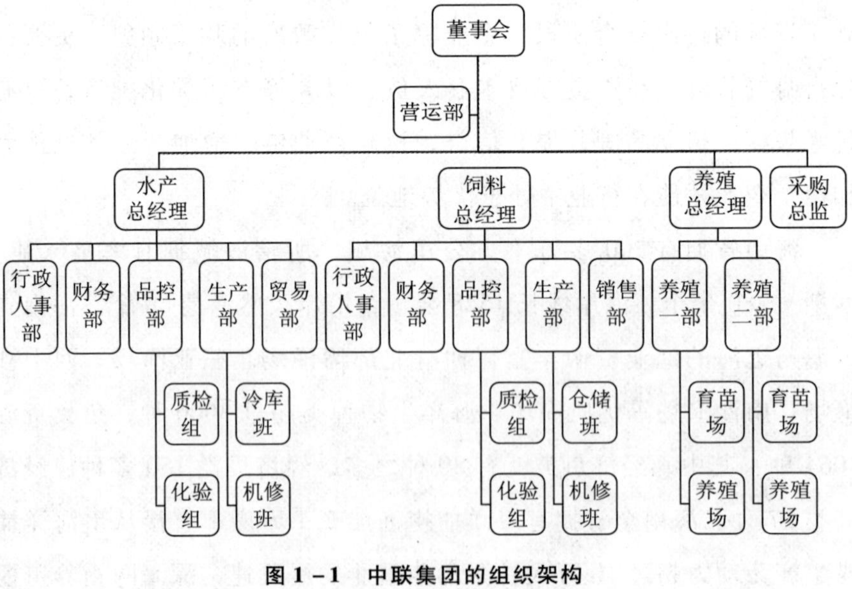

图 1－1 中联集团的组织架构

资料来源：根据相关资料整理而成。

企业位于海南省澄迈县老城经济开发区，主体工厂占地面积80000平方米，厂房布局及工艺设备均严格按照欧美等国际卫生标准设计，拥有全封闭的低温标准加工车间约4000平方米，冷藏库5000吨，设计年生产能力10000吨。在生产管理上严格执行HACCP、ISO 22000和ACC国际标准质量体系，也已通过HACCP质量体系认证、欧盟卫生注册以及ACC认证。主导产品是以鲜活的罗非鱼为原料的系列精深加工水产食品，远销美国、欧洲、加拿大、日本、中国香港等数十个国家和地区。近年来中联集团实施一体化经营战略，先后建立了现代化、高标准的种苗培育基地；经检验检疫部门备案的高标准、规范化的水产养殖基地，养殖水域总面积约计2000余亩，以罗非鱼为主要养殖品种，年养殖产量达4000吨。高标准的养殖设施、科学的养殖模式及严谨的喂养管理确保了养殖产品的高产、安全、卫生。中联集团巨资引进了三条当今国际最为先进的水产饲料生产设备和自动化控制系统，水产饲料设计年生产能力5万吨，包括膨化罗非鱼饲料和虾饲料，产品供给全岛100多个经销商。

中联集团的管理团队有着对市场敏锐的洞察能力以及高度的执行力，以应对外部环境的变化，并及时调整经营管理战略。始终坚持“组织化、系统化、现代化”的方针，遵循“高标准、高科技、高质量”的经营理念，实施可追溯的食品质量安全保障体系，完成为客户提供“绿色、健康、放心”的产品和创造价值的使命，最终实现产品的可追溯性和企业文化的传承，以期实现可持续发展的战略要求。

三、中联集团主营业务

（一）原料收购

中联集团收购的原料以鲜活的罗非鱼为主，目前全部来自岛内，80%集中在海口、文昌一带。由于水产加工业的特殊性，5—10月需要大量资金用于原料购进，增加了集团阶段性融资的难度。加之海南近年来自然灾害频发，对养殖户的影响较大，原料鱼价格波动明显，甚至出现难以收购到与订单要求相匹配的原料鱼，增加了集团采购成本，压缩了利润空间。可见，原料收购是决定集团生产和销售的主要环节，是集团竞争力形成的基础。

（二）水产品加工

作为出口型的加工企业，需按国外客户的检验标准去组织生产，这给中联集团在质量管理上提出了更高的要求。

1. 生产计划

中联集团采用的生产计划管理系统，在内部信息化体系中起着衔接资源规划和实际生产的重要作用，也是直接与生产紧密相连的科学化管理工具。集团自行开发的该系统，可根据订单规格换算出原料规格，结合订单数量和交货时间，科学导出生产计划，供管理人员使用，管理人员可就计划内容进行实时跟踪，从而提高生产管理的计划性和高效性。

2. 批次管理

集团始终把质量放在首位，严格执行批次化、流程化管理，建立并完善产品的可追溯体系，通过数据跟踪系统及备案文件以保证精确查询。其追溯路线为成品入库批次→领料出库批次→原料入库批次→原始原料批次，达到全过程的监控管理。

3. 工艺流程和卫生规范管理

集团制定了严格的生产工艺流程和卫生规范，对于可能产生的污染，事前采取预防措施，同时对每道工序采取积极的纠正措施，并按要求做好各种记录，以便品控部门对质量和卫生进行监督和控制，最大限度地降低产生食品安全的危害和风险。

（三）水产品销售

中联集团成立之初，公司90%以上的产品供出口贸易，当时较低的人工成本和原料成本使其在相对宽松的市场环境中，获得了第一桶金。集团高层始终没有忘记，单一产品的公司、单一市场的公司或者单一客户的公司都是经营风险极高的公司，都是不稳定的公司，一旦市场发生变化，这样的企业就会面临绝境。2012—2013年，中联集团就已经开始主动向多元化市场和多元化产品方向发展。在市场方面，积极实施开拓欧洲市场和内销市场的策略，分散市场风险；在产品方面，对应多样化市场需求，不断提升产品的经济附加值，增加产品线，使得产品线既有成熟期的产品，也有成长期的产品，还有开发期的产品。分散风险的忧患意识和提升自身价值的商业嗅觉，使集团可以从容面对美国反倾销指控。中联集团管理高层从事水产贸易几十年，拥有优质的客户资源。集团长期以来与国外数家超大型跨国企业保持着良好的业务关系，这是公司贸易额常年稳定增长的基石（公司近年来市场份额变化情况见图1-2）。

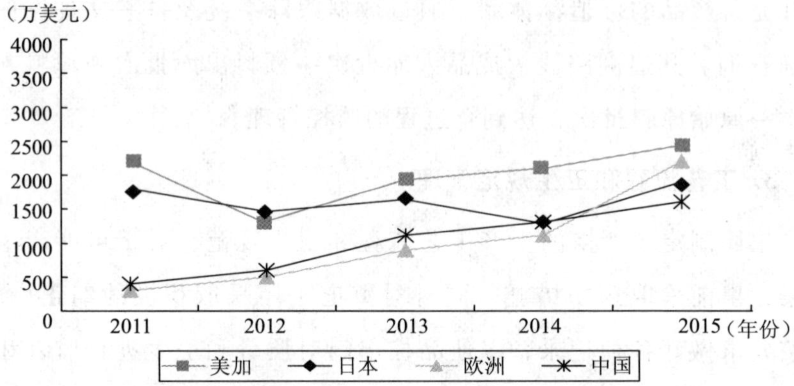

图 1－2　中联集团主要市场销售变化情况

资料来源：《中联水产集团贸易部销售报告》（2011—2015）。

（四）经营业绩

中联集团的三大主营业务为公司创造了不错的经营业绩；2011—2015 年企业的利润率总体呈现上升趋势，发展势头较好（见表 1－1）。

表 1－1　2011—2015 年中联集团利润率

年份	养殖基地（%）		饲料加工（%）		水产加工（%）	
	毛利率	净利率	毛利率	净利率	毛利率	净利率
2011	11.10	4.60	6.90	1.40	8.30	3.70
2012	8.60	2.40	5.00	1.10	6.50	3.10
2013	11.20	2.10	7.40	1.30	7.40	2.20
2014	9.80	2.60	9.30	2.70	8.80	1.50
2015	10.10	3.30	9.90	3.10	9.10	2.00

资料来源：《中联集团财务部年度财务报告》（2011—2015）。

四、中联集团经营模式存在的问题

近年来，受原料及劳动力成本增加等诸多不利因素的影响，中联集团的水产品出口优势不断弱化。特别是在2012—2016年，罗非鱼的国际市场竞争加剧，出口贸易市场趋于饱和；主要的罗非鱼进口国也倾向实施贸易壁垒，导致水产品价格持续低迷，市场风险加大，行业的整体销售利润率不断收缩；同时，国内经济下行压力加大，面临着日益增长的能源、原材料和人力成本，以及趋于严峻的环境因素，中联集团经营模式中存在的一些问题开始凸显。

（一）战略认识模糊

中联集团缺乏明晰的发展目标，战略认识模糊，更多地还是关注销售额或利润等财务指标的设定，忽略了企业的战略定位以及如何实现战略目标的举措讨论，集团就像一艘没有舵的船，发展速度缓慢，未形成明显的竞争优势。

（二）职责划分不清

中联集团存在部门职责或岗位职责因人而异的现象，职责划分不能反映战略和组织的要求，交叉模糊，权限混淆，遇到问题时部门间相互推诿，导致执行力降低、工作落实不到位等现象时有发生。如原生产部下设品控部，品控部的基本职能仍停留在质量的检测和确保结果上，完全不具备全过程质量的监控功能，出现产品质量问题时，责任难以界定。

（三）集团规模不大

许多国家均提高了进口水产品的准入门槛，那些在国际市场上缺乏一定的竞争力和市场，生产能力和生产规模相对较低和较小的企业，其出口贸易面临的阻力将会增大，在经济全球化的产业链中难以处于优势地位（工业企业规模划分标准见表1-2）。

表1-2 工业企业规模划分标准

指标名称	大型	中型	小型
从业人员数（人）	2000及以上	300～2000	300以下
销售额（万元）	30000及以上	3000～30000	3000以下
资产总额（万元）	40000及以上	4000～40000	4000以下

资料来源：国家统计局发布的《中小企业标准暂行规定》。

中联集团目前的企业规模属于中等，在整个行业中所起到的带头作用有限。同时，集团自身也很难采取有效的方式和方法，以应对行业的潜在负面影响。一方面，抵御国内外市场风险的能力较弱，无法掌握产业主导权，虽然有很高的信誉度和美誉度，但鉴于其规模，仍难以打造国内国际品牌；另一方面，集团规模影响了整合产业链上下游资源、集约化经营、原材料的稳定供应及拓展国内外消费市场、实现规模化经营的能力，进而影响了集团的盈利水平，制约其可持续发展。

（四）优质人力资源匮乏

首先，高水平的管理人员紧缺。中联集团成立之初，吸纳和招募了许多熟悉水产加工领域，有着丰富从业经验的管理人员。大多数生产一线管理人员、中层乃至高层管理人员都一直伴随着集团共同成长，成为重要的人力资本财富。随着集团的发展壮大，对管理水平的要求逐步提高，集团面临着管理人员管理能力不足、管理意识淡薄的现实问题。

其次，熟练的劳动工人供给不足。作为劳动密集型产业，广大劳工（主要是农民工，附以少量的技术工）的稳留问题始终是中联集团高层及人事管理部门关注的重点。集团内部员工的主体是低劳动力成本的普通民工，招聘渠道主要依靠员工举荐和农闲时集中招募附近村落的零散农民工。为了留住关键岗位的熟练工人，集团采取提高基本工资及相关福利待遇的方式，增加员工的实际收入，但实施效果欠佳，不能完全避免年尾劳动力的大量流失。

五、中联集团发展战略转型的环境分析

企业在制定竞争战略时，均需要结合外部环境进行分析和考虑，原因之一是企业依赖外部环境生存和发展，必须不断地去分析外部环境的变化，利用其变化提供更多的市场机会；原因之二是企业的发展需利用自身的能力和资源，只有充分认识到企业内在的优劣势，才能“对症下药”，提出切合企业实际的发展战略。

（一）中联集团的战略优势（S）

1. 质量管理体系

作为食品加工企业，中联集团始终把质量视为第一生命，严格执行批次化管理，建立并完善产品可追溯体系，通过数据跟踪系统及备案文件精确查询，实施流程化管理和可追溯管理，达到全过程

的监控。为了保证产品的质量，集团实行产、供、销一条龙服务，从源头上对产品的品质把关，实现从养殖场、加工厂到销售服务的全过程监控。产品从孵化、养殖、收购到加工、销售，全程处于集团品控部门的监控之中，保证每一件产品都经过了严格的质量检查，全过程批次管理，标志清晰，具有追溯性。中联集团引进国际先进的生产线和设备，车间布局不断改进，减少生产过程中的滞留时间和交叉污染的机会，最大限度地确保产品质量安全。同时，拥有国内领先的检测中心，实验室严格按照 ISO/IEC17025（检测和校准实验室能力的通用要求）建设，可快速准确进行微生物、重金属、农兽药残留等检测工作，对所有成品、半成品及原辅料进行检验，严格控制，保障所有生产环节产品质量安全。基于集团严格的质量监控体系和质量管理要求，自成立以来，致力于完成多项认证工作，并顺利通过了美国 HACCP（危害分析和关键环节控制点）验证、欧盟注册、BRC 全球标准食品认证、ISO/DIS 22000 质量体系认证、CQC 食品安全管理体系认证。

2. 精细化成本控制

中联集团将科学化、系统化、组织化的管理思想贯穿于整个产业链，自行开发的系统软件和管控表格，有条理地将平时搜集到的生产运营数据，形成每月乃至每周的汇总分析。通过系统化地对大量数据信息进行整理，一方面能够相对清晰地认识目前生产经营状况；另一方面可以根据当年乃至当月的预算，及时进行调整，从而实现更加高效的运营。经过多年的积累和沉淀，集团建立了一套预算跟踪控制体系，有效地进行成本控制。各下属公司每年都要在总结本年运营情况的基础上，统一制定下一年的公司预算，并且根据自身特点和水产行业的季节性，将预算细化至每个月。下属公司各负责人每月月中要预测本月运营情况，预算下月运营，并且与年初当月预算进行对比分析。完备的预算控制系统，使得管理人员可以及时发现超出预算的成本项目，迅速查找原因并进行解决。

3. 良好的信誉度

诚信为本，信誉为先。中联集团始终坚持诚信、守信的经营原则，管理者常常以“高效率、高质量、高效益”的经营理念鞭策自己，用科学开放的管理体系控制集团的整体运行。集团拥有训练有素的专业质检队伍及国际上先进的检测设备，每年投入大量的人力、财力来保证产品质量，给消费者提供安全、放心的食品。中联集团在财务管理上严格坚持诚实守信、合规合法的原则，采购原料及时付款，在行内享有盛誉，灵活利用资金，融通能力较强。

（二）中联集团的劣势（W）所在

1. 企业文化缺失

中联集团的企业文化建设几乎处于洪荒期，管理人员及普通员工对企业文化的认识普遍模糊，存在短期行为，缺乏一种持久的动力和发展后劲。一方面，员工参与度不高，对企业文化的内涵掌握不准、理解不深，未能形成共同的企业价值观；另一方面，权责不清，导致推诿塞责，协作精神不够，未能形成有效的凝聚力和团队合力。

2. 技术创新不足

产学研流于形式，与科研机构或大专院校的合作机制不完善，未能取得实质性科研成果。生产加工产品仍停留在低值阶段，技术设备已经不合时宜，改造进度达不到水产行业平均水平，在市场竞争中处于劣势，最终将不利于集团的稳定和可持续发展。

3. 管理水平有限

缺乏人才梯队建设及“稳留”制度，人才流失严重；缺乏有效的培训及绩效考核机制，员工的工作积极性难以调动，工作情绪不高，效率低下；缺乏全过程数据化管控体系，导致监管不到位、资源浪费、预算制定不合理、管理盲目、效率低下等现实问题。

（三）中联集团面对的机遇（O）与威胁（T）

1. 机遇分析

全球化背景下的中国水产品国际贸易总量排位和市场份额占比明显增长。我国水产品加工与贸易均具有国际比较优势，伴随着深加工率的逐步上升，冷冻鱼片加工将迎来快速增长和新的商机，预示着中国水产业将迎来全球化视野下的巨大发展契机。在倡导健康饮食理念的今天，水产品因其蛋白质含量高、脂肪低、富含不饱和脂肪酸等特性，必将越来越受到大众的青睐，消费量呈逐年递增的态势，在食品消费中占据较高比重。在此契机下中联集团应努力把握时机，提高自身竞争能力，推动整个行业的进步与发展。

2. 威胁识别

我国近海的渔业资源正面临过度捕捞的风险，海南省海域也不例外。全省渔业发展进入瓶颈期，渔业捕捞量增长困难，威胁着整个水产加工行业的发展。劳动力市场上出现结构性短缺的现象，具体表现为地区性短缺、劳动力技能和年龄结构的短缺等，这将对劳动力需求量较大的劳动密集型企业构成极大的威胁。原料不足及劳动力短缺问题是制约中联集团甚至整个水产行业快速发展的主要瓶颈。

（四）中联集团战略转型的SWOT矩阵

通过上述对中联水产集团外部环境和内部因素的分析，本案例构造了中联集团战略分析的SWOT矩阵（见表1－3）。

表1－3　SWOT战略矩阵

	优势（S） 1. 质量管理体系 2. 精细化成本控制 3. 良好的信誉度	劣势（W） 1. 企业文化缺失 2. 技术创新不足 3. 管理水平有限
机遇（O） 1. 国际贸易大环境 2. 总体消费趋势	SO战略 1. 开拓市场，分散市场风险 2. 保障食品安全	WO战略 1. 战略联盟，优势互补 2. 弘扬企业文化 3. 技术创新
威胁（T） 1. 资源日趋衰退 2. 劳动力短缺	ST战略 1. 发展养殖业进行资源型投入 2. 树立企业形象	WT战略 1. 调整组织结构及职能 2. 建设人才开发体系 3. 开展绩效考核与薪酬激励

资料来源：根据相关资料整理而成。

六、中联集团一体化战略选择

（一）产业链搭建：中联集团一体化的战略目标

中联集团的目标，致力于打造绿色、健康、放心的渔业产业链条，确保水产品质量安全，满足广大人民群众的消费需求，不断改善人类生活品质。同时，竭诚为员工提供广阔的发展平台，为客户提供信赖的产品，为社会大众承担应尽的责任，不断提升品牌影响力和公信力，为实现“成为深受社会各界尊重的世界级品牌”这一战略目标，一体化战略将成为集团发展的必然选择（见图1-3）。

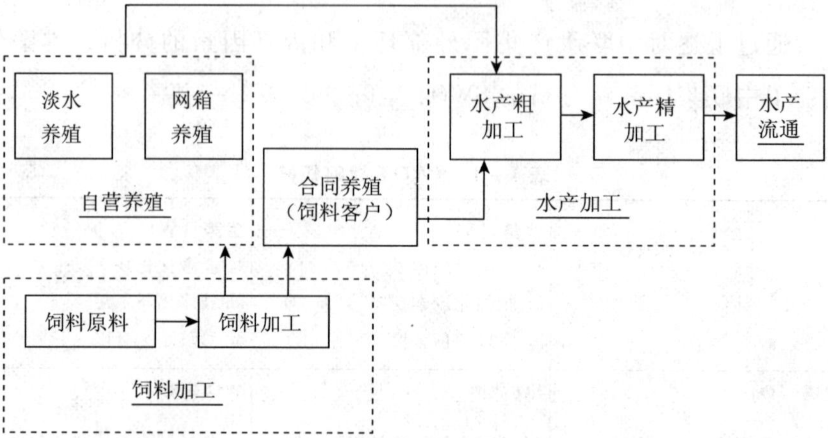

图1-3 中联水产集团产业链框架

资料来源：笔者整理。

（二）中联集团的纵向一体化

目前全球渔业资源日益衰退，捕捞量增长较慢，必将促进水产养殖业的快速发展，以水产养殖补充或替代海洋捕捞将是未来发展的趋势。中联集团所需原材料若处于卖方市场，则不利于对原料环节的把控。因此，中联集团需要向产业链后向延伸，建立水产养殖基地，充分保障集团生产现有产品的原料供应。对于集团来说，获得原料生产环节所创造的利润，既能提高集团的盈利水平，同时也能起到阻止潜在竞争者进入的作用，可谓“一箭双雕”。

中联集团坚持以水产加工为核心，加快提升养殖水平，发掘近海海洋资源，扩大深海网箱养殖及淡水养殖规模，切实按照有利于支持和促进主业发展的原则，打造集育苗—饲料—养殖—加工—贸易于一体的水产产业链，积极朝着纵深方向发展，推动集团化进程。但是，后向一体化使集团固定资产变大，从而导致其抗击风险的能力降低，若所在行业出现较大变动，退出成本将明显增大。

（三）中联集团的横向一体化

中联集团实施横向一体化，构建稳定的产品生产联盟，在产业链的中间环节形成基于水产品价值增值的企业联盟。整合资源、资金、技术、管理等形成协同效益，达到优势互补、资源共享、文化融合和流程对接等效果，可获得规模效益，降低成本，提高竞争能力，赢得行业领先地位和国际竞争力。但是，企业之间的资源整合存在差异性，不同企业的组织结构、管理制度、企业文化等需要一段时间融合，随着集团规模的扩大，暴露出管理水平低下及退出成本较高的问题。

战略联盟进程如下：

2011 年，首家由中联集团通过联盟方式建立的企业投入生产，合作双方达成战略共识，分别派遣高层管理人员进行前期的筹划和组建，并参与全过程管理，缓解了产能不足的问题。

2012 年持股湛江公司，采取定牌生产的模式，中联集团负责品牌建立和销售，湛江公司负责具体生产，双方分工合作，共享利润，彻底解决了产能问题。

通过综合分析与效果评估，得出一体化是目前集团发展阶段最合适的战略决策。中联集团集中一切优势力量，加大技术创新与市场开拓，切实强化自身在水产行业已经具备的领先优势，力争在市场开发能力、财务盈利能力、可持续发展能力、经营管理能力、引领行业发展能力和服务经济社会发展能力等方面走在行业前列。集团将始终保持前瞻的视野、清醒而敏锐的头脑，以开放、包容的心态，积极融合，协调产业间的发展，尊重产业个性、认识产业共性，促进价值分享、统一价值判断，进而壮大产业发展合力，推动整个行业的可持续健康发展。

在实施效果的背后我们也要看到一体化存在的风险，尤其是规模扩大后，管理跟不上及退出成本高等问题。如何将一体化战略与企业目标更好地结合，如何保障一体化战略的有效实施，降低管理风险和市场风险，都将成为集团运营过程中亟待研究的课题。

七、中联集团一体化战略的保障措施

中联集团重新思考了水产加工与水产贸易的价值链组合，探索、形成以水产养殖与水产加工相联合的纵向一体化战略架构，并就自身不擅长的业务（如育苗）以及需要规模化生产的非核心加工业务，与具有一定竞争优势的企业建立横向联盟合作关系，以期实现强强联合、以强带弱、优势互补的目的。为配合一体化战略实施，中联集团还采取了一系列的保障措施。

（一）调整组织结构，推动职能优化

基于对公司整体战略目标的优化调整，中联集团对内部组织架构重新规划，职责重新审定，使各部门间运作起来能够上下畅通、左右协调，把部门间的断层衔接起来，让各部门分工明确、各司其职、互相监督、协调运作，以实现整个团队的高效运作。

1. 品控部

突出强调质量监控功能。为确保质量体系的严格执行及对客户产品标准的贯彻，中联集团于2012年对品控部进行改组，使其脱离生产部，由质保监察委员会负责整改。经过改组分出清晰的层级，在原来仅负责检测并确保结果的基础上，增加了全过程的质量监控功能，对部门的工作提出了更高的要求，对人员的职责进行细化，灌输并强化质量把关意识，有效地实现部门自控式管理。质保监察委员会由集团高层领导组成，其责任是监督整个部门的立法、执法及自我检查。品控部制定的“法规”需经质保监察委员会确认后方可生效，各部门必须严格贯彻执行。通过这一措施，集团的质量体系得到了更有力的保障。

2. 营运部

突出强调参谋导向功能。中联集团营运部的成立是集团适应市场和产品多元化需要要求，也是促进集团系统发展的产物。营运中心作为集团的“参谋部”，发挥了保证营运顺畅的润滑作用，及时有效地为贸易部门提供必要信息，监督管理各相关部门认真负责地完成订单，发现问题并引导企业解决问题。

（二）开拓配置市场，分散市场风险

我国水产品加工出口贸易竞争力减弱，国际市场份额已经到达“天花板”，进出口贸易由快速增长期进入稳定期。与此同时，国内水产品消费出现诸多新变化。例如，新常态下大众消费更趋于理性，节约型消费逐渐成为主导；电商时代的来临带来了新的商业模式，销售渠道从线下逐渐转移至线上。这些新变化有效规避了生产厂家无法直接接触消费者的缺陷，减少了中间环节的流通时间，降低了销售成本，最终让消费者享受到便捷消费的实惠。

面对日趋严峻的国际市场形势，中联集团逐步分散市场风险，合理分配国内外市场贸易份额，加大内销比重，减少出口美国和日本的比重，适当增加欧洲及亚洲其他国家的比重。2015 年，集团将整合全球精选水产资源，推进渠道终端建设，加快建立全岛销售网络，建立北京、上海、成都等大中城市销售渠道，抢位商超及生鲜店商渠道，开展差异化、细分化和快销化的品牌营销。谋求新营销，开始线上布局、线下引流，在新常态下，积极应对互联网对行业的冲击、对营销模式的刷新，客观而又逻辑地重新定义市场、定义营销，遵循产业链精致化、产品精益化、渠道复合化的要求。

（三）树立企业形象，弘扬企业文化

正所谓“三流的企业做产品，二流的企业做品牌，一流的企业做文化”。中联集团坚持建立以企业战略为导向的企业文化和组织结构，使企业文化更好地服务于企业战略。致力于营造“以人为本”的企业文化氛围，注重物质文化、制度文化、行为文化及精神文化的综合建设，始终坚持“组织化、系统化、现代化”的方针，遵循“高标准、高科技、高质量”的经营理念，完成为客户提供“绿色、健康、放心”的产品和创造价值的使命，最终实现企业文化的传承及发扬。

1. 协同文化建设

中联集团快速发展的历程，使得部分管理人员自视甚高，自以为是，出现问题时敷衍塞责，不从自身找原因，缺乏协同文化。为

增强其凝聚力和团队责任意识，集团启动督办执行制度，工作的开展做到四有，即“有问题、有方案、有落实、有检查”，统一由各下属公司内部专人负责对工作或自检过程中出现的问题划定责任部门和督办部门，确定完成日期，最终考核工作完成的质量和时效，出现意见分歧的可直接上报总经理，在公司例会中裁定。

2. 制度文化建设

企业制度是对员工行为的一种规范以及对业务流程的一种规定，是企业稳定、健康、可持续发展的根本保障。企业要依靠制度、执行制度，通过转变思想观念和培训教育来让制度规范人的行为，逐步营造集团全体员工唯“制度”是从的良好氛围，创造一个有利于集团发展和进步的人文环境。

（四）坚持技术领先，推动技术创新

中联集团始终坚持“科技带动战略”的技术理念，将产品的科技含量渗透到产业链的每个环节中。倡导以技术领先为导向，打造水产食品标准化的领航者；注重新设备、新工艺、新技术的引入；注重调整产业结构，促使资源利用效益最大化，以实现降本增效。

1. 引进先进技术

中联集团注重引进外部智力资源，在国内与众多科研院所建立合作关系，通过收集市场信息，及时了解行业先进技术发展状况及发展趋势，建立成果共享等机制，不断获取并引进先进技术，在这一过程中，把研发和工业化这两个方面的优势结合起来，取得更好的效果。

2. 合作开发技术

生产型企业自身的研发能力相对有限，虽然可以独立研发一些

新的技术，但是要想独立完成高新产品的研发，存在很大难度。因此，亟待选取多层面、多角度的研发渠道，与更多有实力的机构达成长期合作开发意向，共谋发展，加大对研发高科技产品的资金投入，建立产学研一体的技术创新体系，以市场为导向、企业或产业协会为主体，加大对废弃物料附加值的开发力度，努力挖掘水产品加工潜力。中联集团的管理高层重视自身的研发投入，每年将销售收入的2%作为研发费用；坚持产学研相结合的科技发展之路。公司曾经与中国海洋大学、大连水产学院和海南大学、海南水产研究所等高校和科研机构合作，聘请这些机构的技术权威作为顾问，积极组织研发技术人员对生产技术进行攻关，将现有研发及科技创新资源整合起来，充分发挥海洋开发研究院、水产协会及水产联合会的作用，重点解决和改善关键加工环节的技术问题和水产品运输过程的保鲜问题等，使集团精深加工技术水平得到突破性的提升和推动。

3. 制定技术发展规划

水产加工的能耗、水资源消耗较大，循环利用程度不高，污染治理难度大。按照建设节约型社会和环境友好型社会的要求，未来水产品加工企业的建设与发展必须满足环保治污和减少资源消耗的双重要求。因此，中联集团要实施清洁生产，综合利用各项资源，淘汰落后的生产工艺，降低能源消耗，坚持可持续发展，制定长远的技术发展规划就成为现阶段发展的必然选择。为达到集团“育苗—饲料—养殖—加工—贸易”一体化的战略发展目标，以及对资源充分整合利用的目的，中联集团制定了详细及长远的技术发展规划，以解决技术薄弱和创新乏力等一系列问题。技术发展规划要覆盖产品开发和循环经济的全过程，并进行工艺整合，要从技术人才、技术需要、资金保障等方面做出全面的规划。

4. 向深加工发展

中国水产品资源丰富，但产品加工形式单调，与世界水产大国的地位极不相称。为提高水产品加工的经济附加值和加工效率，中联集团致力于发展水产品精深加工生产，推广先进技术和使用先进设备，提高水产加工品的加工深度和研发新型精深加工产品，从而加强对低值水产品及水产原料废弃物的加工利用，拉长整个产业链，使产业结构更加合理完善，实现现有资源利用和效益的最大化。

（五）切实保障食品安全

中联集团需要全程掌控产业链的各个环节，通过信息化实现产品质量的可追溯，从而保证食品安全，完成为客户提供“绿色、健康、放心”的产品和创造价值的使命。水产品在出口前，经历饲料喂养、生产加工、运输等诸多环节，关注每一个环节，关注每一个关键控制点，确保全过程监控体系在集团内部顺利推行，是产品质量与安全性保证的核心。

1. 饲料加工食品安全管理

在生产过程中，集团建立质量保证体系，坚持技术质量标准，对生产过程进行有效的质量控制。目前已通过 ISO 9001 质量管理体系和 ISO 22000 食品安全管理体系认证，并按水产饲料的 GMP 和 HACCP 认证要求实施监管。建立实验室，配备先进的科研设备和高素质的人才，从饲料源头进行严格把关和控制，在为养殖提供优质安全的饲料、保障养殖的成功率的同时，树立起良好的饲料品牌形象。

2. 水产加工食品安全管理

中联集团时刻跟踪不同国家和地区对水产品门槛标准的变化以及先进的快速检测方法，建立自身的水产加工食品安全体系。加强原料鲜度和质量安全保障；研究内源性和加工过程中产生的有毒有害物质产生机理及其控制技术手段，解决原料源头食品安全的隐患。针对 GB—2760 食品添加剂的“肯定列表原则”与集团生产实际的突出矛盾，集团统一规范使用新型食品添加剂，严格按照 HACCP 认证要求，制定质量和技术标准，监督标准落实执行情况，实行全过程监控。学习产品质量标准的新要求，研究、借鉴国际检测新技术和新标准，掌握食品安全追溯体系的新成果，做到食品安全监测及预警措施体系与国际接轨，质量标准体系和标准操作规程在国内企业中发挥标杆作用，提升集团在行业中的良好声誉。

（六）深度开发人力资源，提高企业管理水平

中联集团发展最宝贵的财富是人力资源，坚持“用好现在的，引进所需的，发展有潜力的”的人才理念。要为员工提供具有针对性的培训，提升员工的素质，以高素质的员工为客户提供高品质的服务。从招募、培训、考核、激励等多角度全方位进行人力资源管理，不断对现有人力资源进行有效评估。

1. 实施有效的人才招聘

集团应启动内部员工举荐制度，凡推荐成功均能获得奖励，奖励方式分为现金奖励和绩效加分奖励两种。绩效加分在月度绩效考核和年终考核中都有涉及，目的在于激发内部员工推荐同学、朋友或者以前单位的优秀同事的积极性。内部员工举荐的人才在稳定性

及岗位胜任度上均优于外部招聘的员工，这种奖励制度既加强了员工的主人翁意识，增进其归属感和对企业文化的深层次理解，同时无形中也为集团做了推广和宣传。同时，加大校园宣讲会力度，在专业对口学校内部开展招聘会，通过人事管理部门负责人对集团前景、目标、定位等的介绍，让学生了解集团，在与学生零距离互动交流过程中增进彼此的信任。每年通过这种方式确定实习生到企业轮岗实习，学习生产技术知识和检验操作规程，对于实习成绩优秀的学生优先考虑留用，有效缓解了季节性用人需要。

2. 建立人才成长体系

中联集团采取切实措施，通过开发、建立优秀人才成长体系，让员工不断成长、提升自身能力，给员工发展平台和晋升空间，提供有竞争力的薪酬福利和保障措施。与集团发展战略相匹配，人才成长体系以“管理人才胜任能力模型”和“管理人才发展通道”为依据，构建由“人才评价、人才培养、人才选拔任用、人才激励”等核心环节组成的人才梯队开发与管理体系。建立基于岗位的培训、层级的培训和员工职业生涯规划的培训体系，有效帮助员工尽快进入角色，尽快成长为集团所需的全方位人才，为支持集团战略和业务拓展提供充足的人才保障。

3. 优化绩效考核与薪酬激励机制

中联集团引入关键绩效指标考核方法（KPI），这是把集团的战略目标分解为可操作的工作目标的工具，有效运用这一考核工具，量化考核指标，确保业绩衡量的具体指标的科学性、公平性。最终绩效考核的结果要和员工薪酬职级、任职资格、胜任力评价、奖惩、培训以及职业生涯规划等挂钩。

4. 实施人力成本的预算与控制

中联集团把人力成本分析作为人力成本控制和降低的基础性工作，探索人力成本预算机制，把人力成本结构与部门绩效挂钩，与集团总体效益挂钩，确保有效的人力成本预算监控机制。

5. 建立服务于集团战略的高效管理系统

中联集团将自身“科学化、系统化、组织化”的管理思想贯穿于整个产业链，不断提升现有的整套管控表格和自行开发的系统软件，平时有条理地搜集生产运营数据，形成每周乃至每月的汇总分析。通过系统化地对大量数据信息进行整理，既可以清晰呈现目前生产经营状况，又可实现更加灵活的全面预算管理，有效控制成本。同时，集团利用统一规范的预算控制体系，使得各下属公司间生产效率、生产费用等关键因素的对比成为可能。水产加工公司之间可以就相同加工环节的产品出产率、生产效率等要素进行对比，相互取长补短；各养殖场之间可以根据养殖周期的不同，合理预算养殖成本，通过数据反馈，估计养殖存塘量，从而避免养殖盲目性，实现科学化养殖。

案例结语

国内水产加工业进入了高速增长、品牌提升、战略升级和不断国际化的新时代。海南中联水产集团正是该行业发展的缩影之一。中联水产集团的一体化发展战略是公司发展到一定阶段的内在需求，也体现出公司管理者对于水产加工行业的前瞻性思考。

前路漫漫，中联集团已经在路上……

海航集团多元化的跨国并购模式

采编/撰写：高　健　宋诚俊

原本作为地方性航空公司的海南航空，能够在短短20多年时间内从单一的地方航空运输企业，发展成为以航空旅游、现代物流和现代金融服务为支柱产业的现代服务业综合运营商，并跻身世界500强行列，不能不说是个奇迹。本案例描述了海航国内扩张与多元化发展过程，重点关注海航并购的重要举措及其国际化布局，试图解释海航国际化并购行为的内在动因与战略指向。

一、引言

规模效应在航空业中的作用尤为明显，独特的行业特征和市场特征决定了航空运输企业的合并是大势所趋。过去十年里，环顾全球，各大航空公司纷纷致力于扩充规模，互相捆绑，以求共享世界航线利润，分享广阔的国际市场，世界航空业并购浪潮此起彼伏。从全美航空与美西航空合并、达美航空与西北航空合并、西南航空与穿越航空合并，到法国航空收购荷兰皇家航空、德国汉莎航空收购瑞士国际航空，再到美国联合航空与大陆航空 2011 年 7 月合并成立全球最大的航空公司“新联航”，马来西亚航空与亚洲航空 2011 年 8 月签署全面合作框架协议，以交叉持股方式实现横向整合，等等。

在中国，航空运输业亦不例外地趋向集中，并购与整合成为国内民用航空业的主旋律。新加坡航空在成功收购维珍大西洋航空和新西兰航空之后，2008 年把目光转移到了中国东方航空——新加坡航空进军中国航空市场之心昭然若揭。“东新恋”虽因国航搅局、股东大会否决，最终未能如愿，但却吹响中国航空业整合的新一轮号角。2010 年 7 月，东方航空以换股方式吸收合并上海航空；同年，国航增资 6.82 亿元，以 51% 的控股权入主深航。经过并购和业务整合，三大航空公司——国航、南航、东航的总体市场占有率将提升至 80% 左右，三足鼎立的格局初步形成。在三大航空公司之外，更值得研究的海航集团，借助连续大手笔的国内外并购，飓风式地实现规模扩张，近乎传奇般地演绎了航空业的整合神话——仅靠 1000 万元起家，20 多年时间就成长为资产 6000 亿元、员工 180000 余人、业务版图从海南扩展到全球布局的国际化企业。本案例试图解读海航的并购动因及其战略指向。

二、海航集团的发展历程

海航是海南省政府 1993 年出资建立并正式运营的航空类企业，原名为海南省航空公司。1999 年 11 月 25 日，海航 A 股在上海证券交易所正式挂牌交易。登陆国内资本市场以后的海南航空，开始充分利用资本运营的手段，使得企业驶入高速发展的快车道。

2000 年 1 月，在原海南航空公司的基础上，筹建注册成立海航集团。历经 20 余年的发展，海航已经从单一的地方航空运输企业，发展成为以航空旅游、现代物流和现代金融服务为支柱产业的现代服务业综合运营商，产业覆盖航空、物流、金融、旅游、实业、基础设施、装备制造和其他相关产业（见图 2－1）。参控股上市公司 11 家，年营业收入 1900 亿元。2015 年 7 月，海航集团首次登榜《财富》世界 500 强，以营业收入 256.46 亿美元列第 464 位。

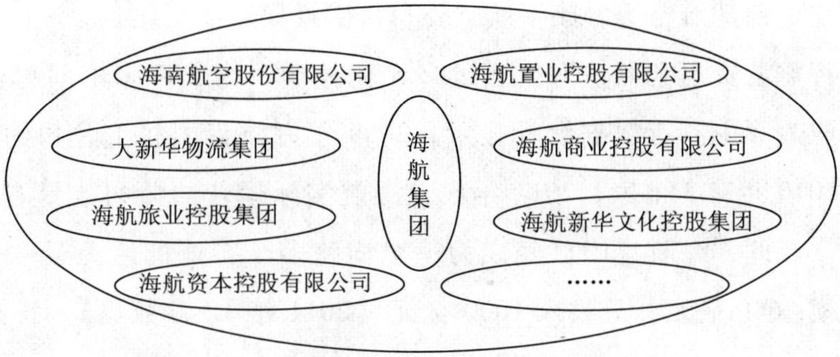

图 2－1　海航集团的组织结构框架

资料来源：根据相关资料整理而成。

三、海航集团的多元化战略

（一）海航的国内扩张

2003 年前后，国内三大航空公司不断攻城略地。在国内航空业三足鼎立的市场格局下，本土其他航空公司的国内市场空间被严重压缩。海航面临着发展战略的选择题：要么坐等业务萎缩被国内航空“三巨头”整合，要么奋起寻找新的市场和利润增长点——海航选择了后者。

此后，海航用几年时间开始实施“出岛”战略。先后注资长安航空、重组山西航空、设立海航新疆分公司；通过新开航线，升级支线为干线航线，海航打造起以西安为中心，密布西部、辐射全国的运输网。继而，海航重组新华航空，拓展国内干线，完善其国内航线布局。至此，依靠令人眼花缭乱的资本运作和企业并购，一个具有 20 亿元资产规模的民航企业重组整合完成，海航一跃成为国内第四大航空运输企业，下辖大新华航空、海南航空、天津航空、祥鹏航空、西部航空等，旗下航空公司机队规模逾200架。

挥舞着资本利器，海航通过多元化并购，将数百家不同行业的企业收入囊中。有数据统计显示，2009年海航集团旗下公司约200家，2010年有311家，2011年底，海航实际运营的公司数量有550多家。至此，海航集团已经成为一个横跨多个行业的巨无霸——资产规模2660亿元，总收入1000亿元（2011年12月数据）。日渐娴熟的资本运作和融资杠杆运用能力，强有力地支撑起海航漫天撒网式的多元化并购。

（二）海航的多元化战略产业链

海航多元化的战略指向是打造包括“吃、住、行、游、购、娱”的产品链条，用吃（机上餐饮、酒店美食、绿色食品）、住（海航酒店、海航置业）、行（航空客运、公务机服务、汽车租赁）、游（旅游产品）、购（大型商场、机上购物、机场购物、物流服务）、娱（机上娱乐、酒店娱乐、高尔夫）串起集团旗下的航空业、物流业、金融业、商业、房地产业、旅游业等，从而造就一个横跨航空、地产、零售、酒店、旅游、金融、物流、互联网等产业，并涉足文化传媒、教育培训、信息化以及进出口等诸多领域的庞大帝国。那么，海航的“帝国梦想”是否如其所宣传的那样清晰而坚定？

海航很早即确立以航空服务业与航空运输业作为主业、同时进入上下游产业（包括旅游、酒店和机场产业）的发展路线，通过打通产业链共享客户实现航空运输的价值最大化。海航的扩张与并购战略线索大致沿着三个方向铺开：其一，迅速提高企业规模，防止被侵吞；其二，发展成为全球化企业；其三，不断拓展产业链条，以主业为核心带动多元化发展。海航坚持的以核心业务为主线不断扩展着自己的产业链条，既可以有效避免单一产业链条存在的“一环断裂，满盘皆输”的风险，同时，多元化的产业之间还可以相互辅助，形成范围经济效应。然而，多元化产业收购只是国际化企业需要走的第一步，能否将相关企业向上下游延伸，如何整合自身的产业链，决定着航空业中最终谁能胜出。

近几年来，海航集团陆续在航空、物流、旅游等方面寻求国际兼并、合资合作。无论是收购澳大利亚飞机租赁公司（ALLCO），还是控股土耳其飞机维修工程有限公司（MyTECHNIC）、挪威投资公司（GTB）以及荷兰重型运输公司（FAIRSTAR），都有布局航空运输、现代物流的战略意图。从当前海航旗下大新华物流的业务范围来看，所收购的上述企业短期内还难以构成对海航国际化布局的支撑。海航国际化战略起步不过两三年，业务航线主要集中于亚洲各国和俄罗斯等地，尚未延伸、覆盖欧洲区域。海航意欲凭借大规模收购加速其国际化进程，还有很长的一段路要走。

进入海航多元化战略视野的还有旅游酒店行业。2011 年，海航以 10.5 亿美元，完成对 SEACOSRL 公司 100% 股权的收购。同年，海航投资 4800 万欧元，对布鲁塞尔的 Sode Hotel 进行扩建，并使用海航旗下的中国唐拉雅秀酒店品牌，建成后将成为当地首屈一指的五星级豪华酒店。海航当前的国际航线大多集中在俄中大城市，那么收购 Sode Hotel 之后该如何体现航空业与旅游业的衔接？如何实现产业链的有效整合？如果不能将航空业与旅游业有效整合，即使 Sode Hotel 业务能在未来几年盈利，恐怕也难以支撑海航国际化战略的稳步构建。

海航大规模并购所伴生的资金饥渴症状也在不断加深。从收购匈牙利航空公司中途放弃等几起海航收购的失败案例中不难判断，快速并购模式的路径依赖让海航前路越走越艰难。从某种意义上说，并购已经成为海航集团的生存之道，资金越不宽裕，越需要通过兼并业务来促进资金运转，这也正是海航身陷债务危机之际依然连续开展大规模并购的原因所在。在全球经济低谷期，海航脆弱的资金链环节一旦遭遇外界的风吹草动，势必拖累公司业绩，使企业盈利下降影响现金流。所幸，海航集团凭借其在资本市场的长袖善舞，屡屡化险为夷。

海航集团在多元化扩展的同时，也积极对其所控制的诸多产业链条进行战略重组。2011—2013 年，海航对其规划的八大板块重新定义，航空、物流、资本、实业、海航基础、海航旅业六大板块成为海航的发展重点，地产、商业退居二线，重申聚焦“航空、物流、金融服务业”三大主业，并对外宣称要“打造包括‘吃、住、行、游、购、娱’的产品链条”。

四、海航集团的国际化并购

海航在国内一系列的并购整合之后，在国内大中城市之间开设的百余条航线，在并购之后达成了良好的协同效应，开拓并夯实了海航在国内市场地位。可以说，海航并购后的整合航线和公司业务能力是十分突出的，对于一个在国内以并购方式发展壮大的企业，在进军国际市场时，其并购策略也十分明确。完成“出岛战略”的海航，开始把目光开始投向世界。三亚—汉城航线是海航开通的第一条国际航线。此后，海航采取包机等形式逐渐开发亚洲航线，并相继开通海航第一条洲际航线——北京—布达佩斯、第一条北美洲际航线——北京—西雅图……海航还悄无声息地接连收购了两家规模不大、很少有人关注的中国香港本土航空公司：中富航空和港联航空，分别更名为“香港航空”和“香港快运”。经过一系列辗转腾挪，海航初步绘就了一幅属于自己的“世界版图”：航线网络遍布中国，覆盖亚洲，辐射欧洲、美洲、大洋洲、非洲，通航城市130余个。

海航近十年来最大的横向并购事件是在2012年收购了法国蓝鹰航空公司并且在并购完成之后申请了从北京到巴黎的国际航线。可以看出，海航的并购思路十分明确，是以国际并购为途径，扩展航线资源尤其是国际热门的航线。海航并购法国蓝鹰航空公司的目的不只在于开通从北京到巴黎的航线，从海航的后期工作来看，此次并购是要以此为转折，通过这条航线，通过双方公司对于国际航线的整合以及国际中转航站的建设，将航线网络延伸至更多的国家。根据海航后期的运作，首先，法国蓝鹰航空公司计划引进新型的长途客机，并准备开通国际长途航线，如从法国巴黎到中国北京的国际航线。同时，法国蓝鹰航空公司将配合海航的航空线路，拓展飞往非洲国家的航线。双方在国际航线上的整合，是航空业协同效应最重要的体现。在并购完成之后，法国蓝鹰航空公司引进了飞往非洲国家的多条国际航线，并计划申请飞往布鲁塞尔的航线。国际市场的航线与海航的国内航线业务截然不同，在此之前，海航的国际航线十分稀少，而在国内以经营支线业务为主，这与海航第四大航空的地位和庞大的资金总额并不相符。在海航并购法国蓝鹰航空公司之后，才能够有效整合双方资源，产生良好的协同效应，将航线范围辐射全球，使海航真正地能够实现它的战略意图。

海航的并购的业务包括了航空类业务以及航空类相关业务，海航在近几年进行了好几轮的并购（见表2-1）。除了在航空业方面进行并购之外，海航通过并购比如集装箱公司等航空业相关企业，提高了航空业货运技术；通过并购国外大型酒店，进一步获得申请国际航线的资格。

表 2－1　2007—2011 年海航集团的国际并购举动

年份	2007	2010	2011	2011	2011
国家	比利时	澳大利亚	新加坡	西班牙	土耳其
目标公司	Sode、Edipr s、DateWAver 酒店	ALLCO 集团航空租赁业务	GESeaCo 集装箱租赁公司	NH Hoteles 酒店集团 20% 股份	AGT 货运航空公司 49% 股权
金额	—	1.5 亿美元	10.5 亿美元	4.31 亿欧元	2700 万美元

资料来源：根据相关资料整理而成。

在加快国际市场开拓的同时，海航开始把注意力聚焦于航空主业以外的市场。2010 年前后，海航陆续整合了 ALLCO、GTB、FAIRSTAR、MyTECHNIC 等服务于航空主营业务的公司。海航通过收购 33.33% 股份，控股挪威上市公司 GTB，初步建立了欧洲石油航运业务平台；通过借助收购全球第二大半潜船公司挪威海洋重型运输公司 60% 股权，进入了全球高端特种船航运领域；借助收购的挪威上市公司 GTB 和 FAIRSTAR，搭建起海航物流业务的海外融资平台。一系列海外并购活动既强化了海航的全球化战略，也大大拓展了海航集团的业务范围。

五、海航集团国际并购的战略意图

（一）关于中枢航线网络

中枢辐射航线网络结构是指由一个或几个中枢机场和许多支线机场组成，先将各个支线机场的客流会集到枢纽机场，再通过枢纽间中转连接将客流输送到目的地的一种航线结构。而客流量较小的支线机场间则不相互通航，这可以用有限的航空资源实现较多的城市连接，这是与点对点航线结构的最大区别。中枢航线网络辐射的产生是由于二三线城市中旅客出行更为分散，数量相对较少，导致直达航线成本更大等现实情况。所以，从资源的集中运用角度来看，这种低需求市场可以通过中枢航线的运行来解决。其中采取的方法称为中枢辐射航线，通俗来讲也就是采取中转的方式，疏导这部分二三线城市的旅客。假设中枢航线城市为 A，两个二三线城市为 B 和 C，那么可以设置 B—A—C 航线，实现航线的有效衔接。这样，一方面航空公司可以节省运力，在不开设新航线的同时连接 B、C 两个城市；另一方面提高了企业效率，节省了成本，以低票价的形式扩大了市场需求，以提升航班客座率的形式提高了企业收益率。有研究发现：枢纽的客流集中程度与航空公司的盈利能力呈正相关；中枢航线网络的辐射程度与企业的收益率呈正相关，中枢辐射网络的航线每增加 1% ，航空公司成本降低 0.11% 。

（二）海航国际化并购的布局思路

海航国际化布局并非只为了收购企业，而是由点及面地规划了欧亚非洲的各条航线。例如，海航旗下并购的国际企业除了法国蓝鹰航空公司之外，还有比利时的大型酒店，并购的目的是为了打通中国与比利时的航线，从航空业相关业务着手，以进军比利时的旅游服务业的方式申请了中国到比利时的航线。另外，海航收购了西班牙 NH Hoteles 酒店集团，这次的收购金额是海航在酒店业收购历史中投入最高的一次。同样，这次的并购是以旅游业为基础申请两国间的国际航线。通过这几次的并购，海航已经成功地开通了北京至巴塞罗那和北京至布鲁塞尔等国际热门航线。另外，海航已经有意向加入航空联盟。海航高层领导多次在不同场合表明：海航的战略部署为在未来5年内，海外公司资产要占到公司总资产的40%以上。所以，继续国际化战略将是海航的目标。可以预见，未来海航的并购会一直持续下去。从目前海航并购进程来看，其并购战略意图有两个：其一是扩大自身规模，将航线布局覆盖整个欧洲，建立国际范围的中枢航线网络，提高企业效率；其二是持续拓展市场渠道，从国际市场方面吸引更多的客源。

从海航国际化并购的主要举措来看，其首要目标是欧洲市场。在当时情况下，国际航空业受经济危机影响最大的地区也是在欧洲地区，由于欧盟受到经济危机的打击最为严重，欧洲航空公司的盈利数额和旅客数量的下降比例都比世界其他国家和地区要严重。选择以欧洲市场作为发展国际化市场的对象正好能够以低价收购欧洲企业，并等待经济形势的好转。当前，欧洲的航线资源主要被数家大型航空公司所掌控。以法国为例，法国航空公司占据了法国大部分干线市场；作为法国排名第二的航空公司——法国蓝鹰航空公司，相比规模第一的法国航空公司而言，航线数量比为30∶252，显然大大落后于法航。而欧洲其他国家的航空公司虽然能够垄断某个特定区域的航空干线，但很难离开本土开展跨区域的市场拓展，本土航空公司往往会占据本国的主要干线航线，真正实现跨国整合航空干线资源的企业并不多。所以在跨国并购中，以国际热门航线作为中枢航线的形式建设国际航线网络显得尤为重要。

对于争夺国际航线市场，许多航空企业选择加入航空联盟，通过网络代码共享提高航线运转，通过机场设施共用来降低设备成本。以国际航空业目前的趋势来看，航空业已经进入了一个联盟化的时代，包括海航在内，也一直向往加入国际航空联盟组织。有调查显示，在航空联盟是否推进了联盟成员枢纽点之间的航空总客流的问题上，结果是肯定的。但是在现实中，航空联盟只能共享网络和航站等资源，不能摒弃同行业之间的竞争。如今航空业的局面是，大量航空企业的互相竞争使得航空公司在国际或者在固定区域内不能享有一定的定价权。因此，为在国际上扩大航空企业的规模，方法之一是可以通过并购扩大规模，在一定范围内形成中枢航线网络，逐渐整合两国之间的航线，形成有效低成本的航线网络；方法之二是由政府参与，引导航空企业的强强整合，而这对于市场化高度发达的西方国家而言可能性不大。因而，海航在进军国际市场时，更多运用第一种方法。

并购法国蓝鹰航空公司有利于国际航线网络的扩大，一方面法国蓝鹰航空公司可以提供国内定期客运航班和国际定期客运航班往北非的阿尔及利亚、摩洛哥、突尼斯以及葡萄牙、意大利和马里；另一方面，海航以法国蓝鹰航空公司的枢纽机场巴黎—奥利机场和巴黎—夏尔·戴高乐机场为基础，结合海航自身的枢纽机场北京首都国际机场、上海虹桥国际机场和广州白云国际机场，建设国际中枢航线。而海航的总部则是北京的首都国际机场，对于中枢航线的形成有着很大的优势。中国企业在选择海外并购目标之时，首先要能够使并购行为满足企业的未来规划，每一次并购活动都要适合公司的战略发展的部署，可见，海航这几次的并购都有着建设扩展自身航线网络的明确目标。

（三）借力国际并购的海航中枢航线网络建设

国内航空业并购的经验表明，通过跨国并购国际企业，可以学习到国外成熟的航线网络建设技术，并快速形成自身的航线网络，提升航线的运力和效率。以南方航空为例，南航以并购方式取得了亚洲干线航线诸如中国飞往日本、韩国以及中东国家的干线航线，并与南航的国内航线相衔接，有效地促进了国内外航线的整合，利用中转的方式提高了航线利用率，进一步提升了企业收益率。

海航以跨国并购为途径，获得国际热门航线的方法是快速建设国际中枢航线的方法之一，而通过并购获得国际航线的方法也是基于国际航空业发展的事实而产生的。建立国际中枢航线对于中国航空公司而言十分迫切，但是以目前的情形看，由于现下的局面依然十分困难，所以中国航空公司进军国际市场面临着欧洲大型航空公司对于本地干线市场的垄断经营，以及低成本航空公司激烈的价格战。在国内，海航从自身的发展情况出发，一直希望构建中枢航线的网络，海航的资产规模、飞机数量与客运量的综合排名为国内第四，拥有多家机场；但是国内干线只拥有北京—广州、北京—深圳少数时点的航班，并不能满足打造中枢航线网络的要求。综上，海航通过跨国并购取得国际航线的方法，既是基于自身发展和欧洲航空业发展的要求，也符合海航长期发展的战略。

在完成对法国蓝鹰航空公司的并购之后，海航正在争取巴黎至北京的航权，同时海航也积极扩展航空资源，买入多架大型客运飞机。海航集团管理层也曾多次宣称要拓展法国至北非、西非等地的非洲航线，构建连接亚、欧、非的航线网络。海航在收购蓝鹰航空的前几个月，陆续通过战略协议等方式进入非洲航空业，然后与中非发展基金形成多方合作，组建了加纳 AWA 航空并在 2012 年在非洲成功运行，通过加纳 AWA 航空逐步开通西非主要城市的航线。通过上述两项投资，海航初步构建了中、法、非三地客运航线网络基础。可以看出海航的中枢航线建设进程如下：以并购方式通过法国蓝鹰航空和欧洲大型酒店的收购来申请形成中枢航线，汲取他国航空企业航线建设的技术理念；以战略协议和投资等方式扩展周边航线；通过国内庞大的航线拥有量做到将航线网络延伸至全国各地。

海航在并购之前，也一直致力于国内枢纽机场的开发和建设。2008 年，海航在首都机场的 1 号航站楼引入了自身航线，将北京的航线接待站定于此地，并将企业总部迁至首都机场。投入大量资金建设首都机场，并与机场协议，建设了海航的中转休息室，调整海航的航班，优化中转航线。紧接着在 2012 上半年，海航在首都机场 1 号航站楼成功设立了一个中转休息室。中枢航站的使用关键在于中转站运用，可见海航将首都机场作为中枢机场的工作也在逐渐趋于完善。与此同时，海航与深航在白云机场也开始建立基地；并入驻上海虹桥机场，在广州、深圳加大机场的建设投入。在海航并购完成之后，立即申请了从北京通往伦敦的航线；此外，海航所并购的法国蓝鹰航空公司，其总部机场设于法国巴黎奥利机场和夏尔·戴高乐机场，通过此次并购，海航在法国机场布局上占据了有利地位。

在国际中枢航线网络的建设方面，海航相较于国内的大部分航空公司而言具有一定的优势。海航在中枢航站的建设、航线布局和中枢航线的准备方面有着多年的基础。中枢航线网络最重要的部分在于网络的分布以及航线的中转速率。从 2004—2006 年国际航空业并购狂潮中可以看出，中枢航线网络并购的首要条件就是要做大企业，扩大航线分布，然后通过航线整合提高航线的中转速率。海航通过多年的积累拥有着建立中枢航线网络的各种资源优势。首先，在机场准备方面，海航机场是国内第三大机场管理集团，拥有国内海口美兰国际机场、三亚凤凰国际机场等13家机场，可以有效整合中枢航线网络向支线发展；对于首都机场以及上海虹桥国际机场、广州白云国际机场等国内中枢航站，海航一直注重对机场航站的投资，并致力于建设旅客中转休息室等准备。其次，在中枢航线的准备上，海航先是合并新华航空公司入驻北京首都机场，将新华集团公司总部设在了北京，战略目标是进军欧洲航线。但是，一直以来海航的国际航线无法覆盖欧美等大国中的大型城市。而在并购成功后，海航与法国蓝鹰航空公司能够很好地控制北京、巴黎两地的客源市场和机场管理等航空资源，为其中枢航线建设做好了准备。最后，海航的国内多条航线与法国蓝鹰航空公司的航线能够围绕北京到巴黎，北京至布鲁塞尔等国际热门航线做好航线的网络辐射，完善中枢航线网络。海航在国内拥有200条航线，是国内第四大航空公司；法国蓝鹰航空公司的航线除了国内的中短途旅程之外，也有着不少的国际航线，有助于海航未来的国际化发展。为了扩大周边航线的覆盖，海航还通过战略合作、资金入股等方式与非洲航空公司及国内航空公司合作，围绕中欧各大热门航线布局了多条国内和中非中亚航线，为建设辐射面广阔的中枢航线网络做好了准备。

综上，海航在中枢航线的建设方面拥有一定的资源积累，中枢航线网络的整合历经多年的筹划，在中枢机场的建设直到航线的布局方面都已经做好了基本的准备工作。海航在最近几年对于枢纽机场的建设中，选取了北京首都国际机场、上海虹桥国际机场、广州白云国际机场为中枢机场进行了投资建设，这些机场的选取是相对合理的选择；国际上利用法国蓝鹰航空公司的资源以巴黎奥利机场和夏尔·戴高乐机场为中枢机场进行建设。在海航中枢航线的建设上，海航选择了国际热门航线，并且在国内外大型机场上的建设过程中积极地投入与建设。一般而言，航空网络中的航线增加有着显著的网络正外部性；已有研究表明，在中枢航线网络中，平均每增加 1% 的航线数量，便会降低航空业 1.1% 的成本。同时，中枢航线网络构建，能够大大提高航线的利用率，以航线网络覆盖与航空业成本负相关理论为依据，海航的中枢航线网络能够为海航的发展创造价值。

当然，海航的中枢航线网络建设也并非一帆风顺。要在国际上建立中枢航线网络，加入航空联盟对于航空公司的作用十分巨大，联盟成员之间除了可以共用登机门、值机柜台、候机室等设施之外，还可以共享代码，有效连接成员企业之间的航线，做到中转旅程的快速连接。过去几年，海航一直希望能够加入国际航空联盟，但几次申请均未能如愿，一定程度上限制了海航的国际化运营步伐。海航目前在国内虽然位列第四大航空公司，但仍然会习惯性地被认为是地方性航空公司，显然不利于海航的国际布局。如何通过国际化打入国际市场，加入国际航空联盟，打造强势航空品牌，对海航今后的战略布局均构成了挑战。

对于海航而言，需要紧紧围绕打造中枢航线网络的核心战略，在全球范围内布局运筹，在跨国并购过程中不断突出主营业务。虽然近些年，海航在海外并购了多家酒店，以及旅游、娱乐公司，有打造“吃住行游购娱”产业链的战略意图，但同时也弱化了海航航空业务，与中枢航线网络建设战略不甚匹配。此外，根据中枢航线网络的特性，海航应该以提高中转效率为导向拓展航线的辐射城市，在国际市场上进一步加强海航中枢航线网络的地位。

六、海航集团并购的融资模式思考

连续的高速扩张，海航曾数度遭遇资金链紧张和旗下企业整合的难题，其居高不下的负债率和资金链断裂的风险也受到广泛质疑。但是，海航却一直延续着“危而不倒”、数度起死回生的神话，自然有其独门的融资秘籍。然而，海航的融资模式真的是完美无瑕吗？

（一）控股上市公司是资本“造血机”

早在2000—2002年那场国内民航业的兼并收购战中，海航重组长安航空、新华航空、山西航空，控股新华航空、美兰机场以及凤凰国际机场之后，就已经濒临资金链条断裂，所幸上市公司海航借SARS疫情报亏，暗中相助海航集团摆脱财务危机。此后，海航集团曾数度遭遇资金问题，集团控股的多家上市公司先后多次扮演过“驰援救主”的角色。有调研表明，海航旗下的渤海租赁、九龙山、易食股份、西安民生、ST海建等上市公司，都曾与集团母公司有过复杂的关联交易。

万得资讯（Wind）数据显示，自2010年以来，上述上市公司总共发生142起关联交易，可统计的关联交易涉及金额266亿元。这也就不难理解，为何利润率5.1%的海南航空（同期国际航空业利润率仅为1.2%）2010年、2011年两年均不分红，实际上，自1999年上市以来，海南航空仅有5年分红，分红总额占其通过IPO、增发、配股以及发行可转债等所募资金的3.9%。

上市公司通过关联交易对母公司输血，一直为业界学界所诟病，并受广大股民的责难。通过与控股上市公司进行关联交易来满足公司发展的资金需求，固然能够解决一时之困，但会严重损伤上市公司的声誉，并影响其公司的长远价值。

（二）土地储备是资本扩张的“定海神针”

近年来，海航狂飙般的举债收购无疑给集团带来了极其沉重的资本压力，单凭上司公司的利益输送已经难以维系。海航集团尝试了以金融控股为核心的多元化“突围”。随着国际旅游岛建设上升到国家战略，海南房地产价格暴涨，这也为海航集团的资产重估提供绝佳的机会。

海航凭借大英山老机场周边2860亩、兴隆康乐园2100亩以及保亭县150平方公里土地的一级开发权，诠释了“乌鸡变凤凰”的神话——海航当年收购大英山机场土地所支付的价格不过区区70万元/亩，囤积到现在土地估值简直呈几何级数增加。

集团旗下海航置业板块的天量地产储备，为海航收购扩张模式提供了最强有力的资本支撑和融资依仗。目前海航集团的盈利主要来自于旗下的房地产以及与其相关的金融服务业务。然而，土地的增值空间并非是无止境的——面对国家日趋严格的土地、房产调控政策，海航土地储备的价值溢价还能支撑海航模式向前走多久尚是未知数，寻找新的融资模式是海航集团不得不去面对的一道考题。

（三）“一变二”戏法是独门秘籍

海航凭借创建时海南省政府投资的1000万元，借力STAQ系统上市的契机，通过融资租赁方式购买飞机，开拓航线。使用“融资租赁模式”，海航算得上是国内第一个吃螃蟹的——海航将飞机作为固定资产抵押获得银行融资，再将国内航线的期权收益抵押给境外投行获得抵押贷款，从而创造性地实现了“一变二”的商业戏法。

应该说，海航的资本运营模式是极富创意的：扩张、上市；再融资，再扩张，再造资本运作平台。海航模式在短期内为公司汇聚资金150亿元，有力地支撑起海航随后连续的大手笔并购行动。在其后续的大多数并购案例当中，海航沿用了“一变二”戏法的思维，运用兼并融资方式，使用银行贷款开展企业并购；待到企业资产负债率上升到一定程度，再通过股本融资降低负债率，或借助控股上市公司的关联交易来巧妙地化险为夷。

2011年，海航集团版图下的海航资本诞生，标志着海航融资秘籍2.0版正式登场。海航资本旗下囊括信托业、租赁业、保险业、基金业、银行业、期货业和证券业等多家成员企业——海航将信托、投资公司及银行资源都整合起来，构建一个更具创新性和包容性的融资平台，从而实现实业（航空业、地产业）与金融业的无缝衔接，以服务于集团在更广阔空间里的资本运作。升级版的海航融资模式能否有效整合各方面的金融资源与产业资源，从而无障碍地开展资本运作，服务于的海航后续多元化并购战略，当前尚无法断言。

案例结语

海航国际出路探究

从海航集团的国际化并购思路不难看出，从迈出国际化步伐的那一刻起，海航就已决意复制并升级曾经为海航赢得成功的发展模式。海航神话能不能在日后得到延续无人敢下定论。不过，要想顺利渡过国际化过程中的难关，海航当务之急应该做好三个方面的功课。

（一）不断塑造国际品牌

企业国际化一定要打出自身的品牌，仅仅依靠一系列的资本运作、收购扩张难以形成自身的核心竞争力。在这方面，新加坡航空是当之无愧的老师，历数新航的收购或是国际合作，无论是和汉莎航空联盟，还是收购维珍大西洋航空，完成收购之后均围绕吸收的先进技术引入服务创新，最终服务于品牌塑造的战略意图。海航意欲打造的“吃、住、行、游、购、娱”的产品链条，更是离不开有国际影响力的品牌形象；海航要在今后摆脱现在这种资金链紧张的情况，更要打出自身的品牌。在后续的企业整合过程中，海航应该致力于用统一的服务意识和创新理念，形成自己的企业特色，从而在国际竞争中拥有一席之地，并借此推行卓有成效的差异化战略。

（二）持续整合产业链条

当前的海航集团更像是一只特混舰队。业务冗杂的海航当务之急是做好产业链梳理和整合，寻找到清晰的企业战略主线。在企业国际化的过程中，不断师夷长技，边收购边学习，做好产业链的整合，形成规模化效应，降低成本。收购一些与自身航线关联较大的国外城市的企业，实现航空业与旅游业、运输业的产业链整合。以服务为核心，整合旗下子公司的核心业务，实现产业链的一体化。

（三）降低并购运营成本

海航集团的当务之急是应该考虑如何降低企业的运营成本和并购成本。这关乎海航“神话”是否能够得以延续。应该摒弃过去不计成本的并购，围绕着产业链条上的诸多环节，有节制地整合产业链企业，扬弃控股的思维，以战略联盟形式寻求航空、旅游等产业的链条环节衔接。

应当说，海航如果能有效整合已经收入囊中的各色企业，形成集航空、旅游、度假、休闲为一体的综合商旅服务，那么既往的收购战果或许能成为海航未来康庄大道的坚实路基。而在未来一段时间里，海航最需要做的不应该是继续攻城略地，而是潜心修炼，围绕着核心业务进行企业整合，形成具有海航特色的综合一体化服务，打造未来海航模式的升级版。

海源实业“公司+农户”模式的演变与创新

采编/撰写：高　健　李世杰　张　萍　等

“公司+农户”模式是农业产业化的典型和主体模式，在农业产业化的进程中起着重要作用。但该模式发展过程中也逐渐暴露出一些问题。本案例通过实地调研访谈获得数据资料，探索海源实业模式从“公司+农户”，到“公司+农民合作社+农户”，再到“公司+农民合作社+资金互助社+农户”的发展过程；描述三亚海源实业的“公司+农户”制度演化，呈现海源实业的经营模式演变与创新过程，讨论三亚海源实业在不同发展阶段中“公司+农户”的契约稳定性问题。通过对海源实业动态发展过程的初步解读，寻找“公司+农户”经营模式的一般规律，探索具有中国农村特色的农业产业化制度途径。

一、引言

随着我国家庭联产承包责任制的产生，开启了我国以家庭为单位的小农户生产模式，这是适合我国国情发展的一个伟大创举。但是随着市场经济的深入发展，每家每户的小农户生产与农业生产的深层次矛盾逐渐显现，如小农户与大市场的矛盾；现代化的农业生产日标与小规模经营生产的矛盾；传统农业生产与现代化专业生产的矛盾等。这就需要一个创造性的制度来解决此类矛盾。农业产业化顺应时代经济的发展应运而生。

随着农业产业化的发展，农业产业化的组织形式多种多样，主要包括“公司＋农户”“市场＋农户”“合作社＋农户”“协会＋农户”等形式，其中“公司＋农户”模式占据着主体地位，是农业产业化的典型。根据目前政府统计机构农业部对农业产业化组织形式的调查研究，占据我国农业产业化的主体地位，采用率最高的是“公司＋农户”模式，占比高达45%，稳居首位。然而，在“公司＋农户”模式的发展过程中，一些问题逐渐暴露出来，其中最严重的是违约现象严重，契约不稳定。近年来，“公司＋农户”的违约率在80%左右，其中公司违约占70%，农户违约占30%。在一定程度上加剧了农户销售的风险，增加了公司的经营成本和交易成本。

有必要进行一系列的制度安排来创新现有的“公司+农户”模式，规范交易行为，稳定利益关系，减少违约现象的发生。

本案例通过描述、呈现三亚海源实业（以下简称“海源实业”）的经营模式演变与创新过程，讨论三亚海源实业在不同发展阶段中“公司+农户”的契约稳定性问题。以期通过对海源实业动态发展的解读，寻找“公司+农户”经营模式的一般规律，服务于中国广大农村的农业产业化发展实践。

二、海源实业的企业概况

三亚崖城有着悠久的热带果蔬种植历史，崖城镇是海南省西南部反季节瓜菜及热带水果种植和集散中心。三亚海源实业有限公司位于三亚市崖城镇中心，创建于1999年1月，是一家主要以农业开发种植、养殖、管理、销售为基础，涉及宾馆、客运和物流信息中心、果蔬储存交易市场经营等多产业经营的私营企业。

海源实业自创办以来，充分利用本地资源，开发海南热带绿色无公害“南山寿果（菜）”品牌，现已发展成为集农产品研发种植、养殖、收购、加工、包装、运输、销售、管理为一体的，涉及宾馆、客运和物流信息中心等多产业经营的民营企业，年营业额接近8000万元，总资产超过2亿元，在编员工152人。公司多年来从事海南岛热带“南山寿果（菜）”品牌水果、蔬菜市场开发，“南山寿果（菜）”品牌于2005年通过国家工商总局认证，并在同年被国家农业部认定为“绿色无公害”产品，2007年，“南山寿果”“南山寿菜”品牌水果、蔬菜又再次被海南省农业厅认定为“绿色无公害”产品，并获得“中国果菜十大驰名品牌”称号，目前三亚海源实业有限公司联合已经或正在通过三亚出入境检验检疫局进行基地备案的出口杧果生产基地33000亩，供港澳蔬菜、水果基地15000亩，该基地也正在申报"国际良好农业规范"认证，另外，公司还在保港和英州拥有300多亩高位虾池，联合养殖农户300多户。

海源实业先后在2005年、2006年兴办海源物流信息中心和南山宾馆两家下属子公司；2006年4月，海源实业将"南山寿果"品牌的新鲜杧果销售到国际市场，并在2007年更加紧密地与国际市场联系，不但加强了与印度尼西亚市场的合作，还与日本、韩国的客商初步商定了水果生产、加工等合作意向。2013年7月，公司又创建了一个占地近150亩的"农业设施哈密瓜示范园"，聘请哈密瓜种植技术专家，进行设施大棚种植。2007年8月，三亚海源实业有限公司运作的一个首期资金投入超过8000万元、总投资达1.4亿元、规范化的瓜果蔬菜运输储存销售中心在三亚市崖城镇正式开工建设，这个中心将建有果蔬收购大棚、果蔬包装、加工工厂、大型冷库等设施，该项目的建成，将带动崖城及周边地区农民反季节瓜菜的销售运输，使崖城真正成为海南南端最大的瓜果蔬菜集散地，成为内地各大中城市的菜篮子基地。公司是2006年"海南省创新型先进企业""全国乡镇企业创名牌重点企业""海南省放心消费承诺单位"、海南省和三亚市的"农业产业化重点龙头企业"。

三亚海源实业有限公司于1999年由刘庆鸯——一个地地道道的海南农民创办，也是海南第一家真正意义上的本地农业民营企业。海源实业的起步是种植、销售海南热带水果蔬菜，经过十几年的发展，今已成为集农产品研发种植、养殖、收购、加工、包装、运输、销售、管理为一体的，涉及宾馆、客运和物流信息中心等多产业经营的当地龙头企业。海源实业目前的发展与壮大的基础是公司的运营模式符合农业产业化发展的需要，有一定的模式创新与改革，实现了公司和农户的双赢。海源实业独到的结合本地实际与自身特点，对传统的“公司+农户”模式进行创新，以自己的生产基地为示范，连接周边1740多户农户创新出“公司+合作社+标准化”和“公司+基地+标准化”等新模式，对农民增收及三亚地区的发展起到了巨大的推动作用。

三、海源模式1.0版：“公司+农户”

（一）“公司+农户”的运作机制

海源实业的创始人刘庆鸯是一个地道的农民，前期是靠收购销售水果起家的，其间靠着自身的魄力和诚信与北京某公司合作获得了第一桶金。在不断的摸索与发展中，刘庆鸯认识到目前收购水果的局限与问题：一是农产品的来源不稳定，主要依靠收购部分小农户的农产品，与农户没有任何的约定或者合同，农户销售农产品完全根据市场价格的高低来选择收购商，在遇到自然灾害或市场行情不稳定时更是得不到保障。二是农产品的产量和质量与自然气候密切相关，多变的气候导致农产品生产的不稳定，最终导致市场波动大。三是农产品的质量安全存在隐患，由于对收购的农产品不能进行产前产中的监管，收购时也没有进行严格的检测。这些都是公司未来的发展瓶颈，导致收入不稳定，时好时坏。

面对这样的困境，刘庆鸯通过实地考察与学习，深入群众了解，借鉴成功的农业流通企业，决定开始“公司+农户”模式的尝试。虽然“公司+农户”的模式在20世纪80年代已经开始，但是在海南本土还是比较少的，这对海源实业是一个挑战。同时刘庆鸯作为土生土长的农民，更清楚当地农民需要什么，农民的难处在哪儿，只要能让农民获得切身利益，农民都可能与公司合作。农民的身份使刘庆鸯能够更好地与农民打成一片，有一定的农村社会关系，促进“公司 + 农户”模式更好地开展运营。同时政府给予海源实业政策上的支持，包括税收减免、农业企业补贴等。

“公司 + 农户”的组织安排特点为：海源实业与农户签订合同，规定双方的权利义务。农户按照合同规定的农产品的产量、价格、质量等标准提供基础农产品，公司负责农产品的加工、包装和销售。具体操作流程为：海源实业采取对农户统一发放种子，统一到指定农药店购买农药，统一按农艺师配备方法施放农药，按片区配备植保员和负责人，不定期进行农残检测，统一采收包装，统一销售的模式管理瓜菜基地。通过产前产中的控制可以保障农产品的质量和安全性，真正实行一条龙服务。图 3 – 1 展示了海源实业的“公司 + 农户”运营的基础模式。

图 3 – 1　海源实业“公司 + 农户”基础模式

资料来源：根据调研资料绘制完成。

（二）“公司 + 农户”的实施效果

大量理论研究表明，制度安排之所以会被创新，是因为有许多外在性变化促成了利润的形成，而这些潜在的外部利润无法在现有的制度安排结构内实现；原有制度安排下的某些主体为了获取潜在的利润就会率先设法克服这种障碍，导致一种新的制度安排的形成。“公司+农户”模式作为一种制度性的创新，为参与主体带来了潜在的利益。

海源实业的“公司+农户”模式利用企业自身资源优势，结合三亚市崖城镇海南省西南部反季节瓜菜及热带水果种植和集散中心的区位优势，把公司与农户连接起来，公司连接周边农户1740多家，每年都有新增农户，农户的收入比加入公司前得到提高，而且更加稳定，大大解决了农产品的“卖难”问题。同时也为公司提供了稳定的原料来源，即使遇到自然灾害或市场行情大的变化，也会有一定的防范措施，农产品的质量也能得到控制，安全性得到保障，一定程度上解决了小农户与大市场的矛盾。

（三）“公司+农户”模式的缺陷

1. 内部自我实施机制失效

契约是不完全的，农户和龙头企业都是追求自身经济利益的理性人，公司和农户存在机会主义的违约动机，当市场价格与契约价格有出入时，在“公司+农户”组织中，这种机会主义不是潜在的，而是必然存在的，会导致“公司+农户”组织制度运行效率低，违约率高，契约不稳定。自我实施机制是指由于现实经济环境的复杂性与不确定性及交易成本的存在，契约总是不完全的，机会主义问题不可避免，人们通过习惯、信誉、承诺等方式来解决合约履行中矛盾争端的方式。目前仅仅通过自我实施机制来履行契约导致契约双方的违约率高，契约极不稳定。

2. 外部第三方惩罚机制成本高

当自我实施机制开始失效之后，人们就要寻找第三方裁判，即通过契约的外部威慑力量来保证合约履行。法院和仲裁机构通常是现实生活中的第三方裁判，面临违约问题，公司和农户选择是否通过第三方机构来解决，主要考虑收益—成本的衡量。从农户的角度考虑，农户面临的是规模、资金、技术、法律等方面强势的公司，当公司违约时，分散单个农户与公司打官司，其他农户有“搭便车”的行为，不能激励农户通过法律诉讼来解决公司违约行为。加之农户的法律意识淡薄，高昂的诉讼费导致农户没有足够资金实力来与公司对簿公堂。农户选择的是忍气吞声，不追究公司的违约行为或是直接退出合作，严重影响了“公司+农户”模式的运作。而公司虽然是强势的一方，但是面临众多小农户的违约，倘若通过法律途径解决，诉讼成本大于其获得收益，公司得不偿失，只能被迫选择“默然”态度。通过外部第三方机构来裁决，这种方式履约的成本常常很大，在实际实施中并不可行，导致外部第三方机构在“公司+农户”模式违约问题上发挥作用甚小。

四、海源模式2.0版：“公司+农民合作社+农户”

（一）“公司+农民合作社+农户”的运作机制

“公司+农户”模式走入了困境，需要新的模式创新安排来解决此困境。双方违约的长期成本取决于组织内部是否形成有效的监督、激励机制。如果组织模式建立起监督、激励的自我实施的惩罚机制，则主体行为的长期违约成本高于短期收益。例如企业通过建立起第三方独立的监督机构或者进行内部激励，将会减少农户违约行为，长期与公司合作。中介组织—农民专业合作社应运而生，催生了新的合作模式——“公司+农民合作社+农户”。具体的运作如下：公司通过契约与合作社约定本年收购农产品的产量、价格、质量和品种等，然后合作社把约定的任务合理分配到加入合作社的农户。有的合作社还为农户提供产前生产资料、产中技术服务和产后质量检测。在收购农产品时，合作社和公司合作对产品进行质量检测，然后加工并最终进行销售。

海源实业秉承上述合作社的运作模式，海源实业合作社社员不用交纳股金，自愿入社，合作社通过帮助社员流通销售产品和社内土地种植产生利润，再根据社员入股情况分配。图3-2展示了海源实业的“公司+农民合作社+农户”的运营模式。

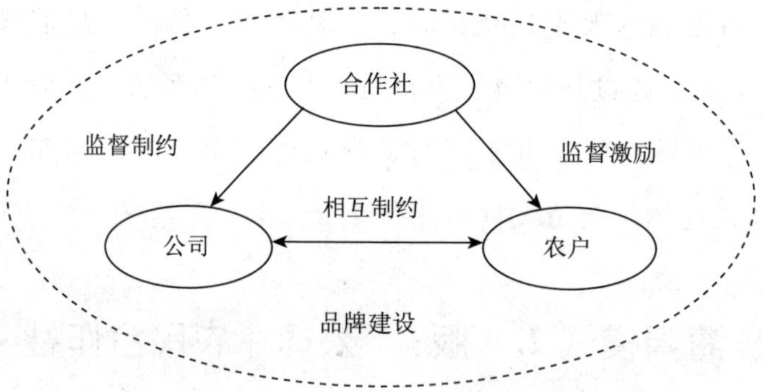

图3-2 海源实业的“公司+农民合作社+农户”模式

资料来源：根据调研资料绘制完成。

（二）农业合作社的发展及运行管理

香顺哈密瓜是海源实业与印度尼西亚专家合作研发、引入的方形哈密瓜，是海源实业特有的哈密瓜品种，受到市场大众的青睐和喜欢。为了扩大产量和销量，海源实业发起成立了第一家与海源实业合作的农民专业合作社——三亚香顺哈密瓜农民专业合作社。三亚香顺哈密瓜农民专业合作社成立于2007年7月，是三亚市第一家通过市工商行政管理局注册成立的农民专业合作社。随着第一家农民合作社的顺利运作，三亚南山寿果农民专业合作社成立于2007年9月21日，是拥有经国家工商总局注册的“南山寿果”品牌的三亚海源实业有限公司联合崖城镇及周边地区574家从事水果生产种植、运输销售等工作的农户作为主体的热带水果产运销农民专业合作组织。种植面积达到37346亩，涉及杧果、哈密瓜、西瓜、香蕉、木瓜五个品种。目前农民合作社已发展社员2494人，其中香顺哈密瓜合作社1800人，南山寿果农民专业合作社694人，并且带动非社员农户5000人。

三亚香顺哈密瓜农民专业合作社及三亚海源南山寿果农民专业合作社均设立了一个理事会和监事会。根据社员提名，在社员大会上民主选举产生理事长、副理事长、监事长、副监事长及理事和监事成员，理事长作为法人代表，主管合作社内日常事务的管理，监事会负责督察理事会的工作和日常财务管理，往来账目需要在理事会上通报。在社内的管理方面，该社建立健全了社员（代表）大会制度、理事会工作制度、监事会工作制度、议事规则制度、社员管理联系制度、财务管理制度、盈余分配制度等相关管理制度，通过制度实行严格而民主的管理。先后荣获“三亚市2008年度优秀农民专业合作组织”“中国果菜发展成效显著的农民专业合作社”“海南省农民专业合作社示范社”“优秀农民专业合作社”“国家级农民专业合作社示范社”等称号。合作社的管理制度严谨而民主，充分发挥了合作社的功能。

（三）合作社的激励和监督双重机制

1. 合作社激励机制

单个农户加入合作社后，合作社成为连接分散农户的中介载体，合作社受农户的委托与公司进行谈判和协商，主要协商内容是提高农产品销售的价格，提高农户与公司的议价能力，为农户争取更大的权益。另外，合作社为农户提供生产资料、技术、信息等产前产中的支持。这些激励措施是带有公共福利的激励机制。这种激励措施可以提高农户的生产技能水平，农户可以获得更多相关的农业信息，强化了农户与公司合作意识。合作社在盈利的年份还会按照契约规定给农户分红，增加农户的收益。海源实业利用公司拥有的“南山寿果”“南山寿菜”两大品牌和覆盖全国及东南亚地区的销售网络优势，联合两个农民合作社，带动本地农户778家，建立了近5万亩供港澳和出口果蔬基地，以高于或等同于市场最高价格代销基地内检验合格的产品，并将赢利所得的40%作为合作社赢利，按社员股本金的多少给社员分红，赢利所得的20%作为合作社流动和再发展资金，剩下40%作为公司赢利归入公司账目。农户以土地折算为货币形式入股农民专业合作社，保证了公司与农户购销合约的履行，公司将所获得的利润减去土地股本以及管理成本后按农民所占股份进行合理分配，协调公司和农户的关系。海源实业的利益分配机制有一定的激励作用，实现了公司、农户、合作社利益的高度一致性。经济激励是农户最为需要的，也是最为实际和丰富的，通过股利分红的手段激励农户的手段更加科学合理，也更具吸引力。

2. 合作社监督机制

合作社的建立得益于合作社成员的相互了解与信任。农村是一个静态社会，道德约束对于农户有着极强的约束力。当农户存在机会主义时，合作社基于农村社会关系的相互熟识与了解更容易进行监管与处罚，惩罚不仅包括按照合作社章程进行处罚或除名，还包括把违约农户排除村社活动之外，被其他组织成员发现，诚信会被质疑，影响其他社会活动的收益。在“公司 + 农户”的组织形式中，公司需要与每家每户的农民签订合同，在合同的执行中也是逐一监督每家农户的执行合同情况，这样的方式为典型的一对多，导致监督面广而且分散，履行和监督成本过高。农民合作社加入后，公司只需与合作社签订合同，执行和监督合作社更加方便，监督面窄，监督的风险降低，从一对多到一对一，提高了契约的执行效率。合作社对于公司的机会主义行为，能够更加有效地防范和制止。合作社不同于单个农户，在组织上有一定的规模，对于法律法规更加了解，面对公司违约，能够与公司抗衡。公司的违约行为不仅会造成经济损失，更多的是公司信誉的损失。

（四）农民专业合作社的关键问题

与“公司+农户”模式相比，“公司+农民合作社+农户”模式更具有模式创新与优势，但是其本身还存在着一定的制度缺陷。从合作社的本身来，合作社没有直接的经济来源，资金缺乏，拥有有限的资产数量。没有自由资金和资产抵押就不可能很好地履行合同的权利和义务。当合作社一方违约时，由于没有足够的资产作保障，合作社无法承担法律义务和处罚。经济制约会造成合作社不能形成本身的第三方独立。

五、海源模式3.0版："公司+农民合作社+资金互助社+农户"

（一）资金互助社的设立与运行机制

经过"公司+农民合作社+农户"模式的运行，海源实业取得了一定的成果，公司签约农户增加，公司和农户的违约率降低，提高了农户和公司的实际收益。但是目前的模式主要问题就是资金缺乏，合作社没有资金去解决公司和农户的违约问题，没有足够的资本制约。而且当合作社存在违约现象时，没有足够资金作为保障，无法承担法律义务。资金融通是目前模式最需要解决的，海源实业从本身的实际情况出发，进行一定的制度创新，解决目前模式的问题所在。"举民众之力，育绿色生命之树，诚信灌溉，众富成林"，2010年6月28日，三亚市海源实业有限公司和符合入股条件的崖城镇203户农民发起组建了三亚崖城众树资金互助社，海源实业入股33.5万元，占股本总额的9.3%，社员203人，入股326.5万元，占股本总额的90.7%。

农户先以现金入股的形式加入农民专业合作社，农民专业合作社再以整体现金入股加入众树农村资金互助社；然后整个合作社按照"八个统一"生产管理方式（统一耕种、统一农资、统一品种、统一田管、统一采收、统一检测、统一品牌、统一销售）运作，崖城镇众树农村资金互助社的职责是在瓜菜生产季节，给予农民专业合作社贷款支持，待产品销售后，按时还款；最后海源实业以"南山寿菜"进行统一品牌营销，最终达到农民增收的目的。互助社在

“自主经营、规范发展、严谨审慎”的原则下，秉承服务“三农”的宗旨，以帮助农民发展经济为目标，推行“为社员服务、为社员负责、共同走向富裕之路”的经营理念，互助社在成立的三年里不断完善内控机制和风险控制水平，财务收支状况良好，各项业务均取得了很大进步，具体的运作机制如图3-3所示。

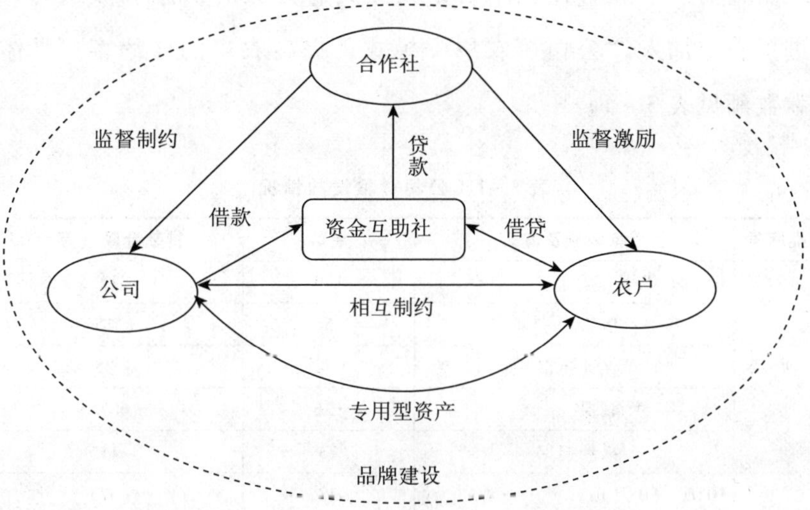

图3-3　海源实业“公司+农民合作社+资金互助社+农户”模式

资料来源：根据调研资料绘制完成。

（二）资金互助社激励机制

1. 给予农户资金贷款支持

众树资金互助社结合“公司+农民合作社+农户”模式的特色，大力支持订单农业贷款。2013年众树资金互助社通过联合三亚海源实业有限公司以及其旗下的三亚香顺哈密瓜专业合作社、三亚南山寿果专业合作社和赤草村的2000余家农户，对赤草村的农户土地进行统一的整合规划，大力实施订单农业。众树资金互助社利用海源实业在全国铺开“南山寿果”“南山寿菜”平价果蔬品牌直营连锁店的契机，向社员提供生产资金贷款支持。资金互助社不仅为社员提供贷款，同时可以为合作社机构提供贷款，保障合作社的经济独立性。资金互助社可以给予农户和合作社贷款，这种激励方式对于缺乏资金的农户和合作社来讲，无疑具有巨大的诱惑和吸引力，也促进了农户加入“公司+农户”模式，提高农户的履约率。具体的贷款数额见表3-1。

表3-1　公司贷款发放情况

分类序号	贷款限额及方式	笔数	贷款金额（万元）
1	10万元以下（含）	159	772.5
	其中：信用	5	15
	保证担保	5	35
	联保	136	607.5
	抵押担保	13	115
2	10万~50万元	28	673
	其中：保证担保	9	235
	抵押担保	19	438
3	农村企业贷款	1	300
合计		188	1745.5

注：表中数据截至2013年底。

资料来源：根据三亚众树资金互助社提供数据整理而成。

2. 减小金融风险，维持“公司+农民合作社+农户”的稳定性

互助社充分开发信用、担保、联保、抵押等四种涉农金融产品。为减轻农民社员贷款利息负担，互助社继续开展“资金互助社+社员+财政贴息”的农户贷款模式，通过财政贴息后，农民社员实际支付的贷款年利率为2.88%。资金互助社为农户的农业生产提供了强有力的资金保障，极大地激发了农户的生产热情，互助社为农民服务的知名度不断上升，信誉不断提高，加入互助社的农户也在逐渐增多。

以“公司+农民合作社+资金互助社+农户”这种联结模式发展，海源实业完整的产业链条和成熟的销售市场为互助社发展提供坚强保障，农民专业合作社是其发展的动力和源泉，而互助社又为农民专业合作社提供金融支撑，三者有机结合，互相促进，建立多层次资金融通渠道，同时能够维持“公司+农民合作社+农户”的稳定性。

（三）品牌信誉激励机制

海源实业的“公司+农民合作社+资金互助社+农户”模式，是在公司的品牌信誉下运作发展的。2003年，海源实业利用毗邻南山旅游区的优势和南山深厚的历史文化渊源，以“南山寿果”为名申请注册了这一热带水果品牌。品牌的创立大大提升了产品本身在市场上的竞争力和附加值。公司开发的“南山寿果”和“南山寿菜”两大品牌以其纯天然、无污染、味鲜美的特点，深受市场好评，连续八年被评为“绿色无公害”产品。此外，还获得54届世界小姐总决赛、新丝路模特大赛、第14届中国金鸡百花电影节“唯一指定的热带水果”以及“海南省著名商标”称号。

公司的品牌建设与良好的信誉对其模式的运作产生了很大的促进作用，在一定程度上也维护了契约的稳定性与长远性。公司的信誉的激励机制主要是针对公司而言的，是对公司的一项隐性激励，通过品牌信誉的机制对公司进行约束，公司考虑长期发展与品牌效应，不会轻易违约，信誉激励在一定程度上起到了很大的作用。

（四）专用性资产投资

专用性资产投资是指资产投资于特定用途，当用于其他方面时则成本过高或者根本不可行。在“公司+农民合作社+资金互助社+农户”模式下，从资产投资主体角度进行划分，可以分为公司和农户专用性资产投资。

公司专用性资产投资具体包括以下几个方面：

1. 场地投资

场地是公司的基础资产，一个公司建立厂房，投资较大，专用性投资大。海源实业在三亚市崖城镇建立自己的厂房及办公楼，投资比较大，属于固定性投资，沉没资产。对于固定资产投资的专用加工厂房，契约关系的另一方违约时造成的资产损失较大。

2. 加工储存、运输设备

公司购买的专用加工设备和储存设备主要用于农产品加工和储存，无法用于其他方面，则资产专用性强，如果资产是通用设备，则资产的专用性低。2005 年成立的海源物流信息中心，有专用的农产品保鲜冷藏车，建立冷链物流中心。冷库建于 2007 年 10 月，投资巨大，是目前海南省最大的果蔬预冷、冷藏兼用冷库，日预冷果蔬能力 1500 吨，主要用于水果蔬菜等农产品的冷藏保鲜，防止其变质腐烂。

3. 技术中心

公司为了提高农产品的质量，进行科学研究，技术创新，并对农户进行专业的技术培训。例如 2006 年底，聘请印度尼西亚技术专家，引进的方形哈密瓜种植技术生产的方形哈密瓜一进入市场就赢得消费者的欢迎和喜爱。与三亚南繁科学技术研究院合作，建设示范种植基地，并作为主要参加单位承担了“国家科技支撑计划——热带主要作物遗传改良与高效栽培技术研究与示范”中的“冬种北运西瓜甜瓜高效栽培技术研究与产业示范”。为了保障农产品的安全性，在政府的支持下成立专门的检测中心，聘请专门的检测专家。海源实业主要配合农业局检测中心遵循“崖城果蔬储运销售中心”的市场准入制度，对进入果蔬储运销售中心交易的农产品进行准确、高效的农产品质量检测，包括农残定性、定量检测、重金属检测、微生物检测等。

4. 渠道关系

龙头企业为建立自己的采购和销售渠道所花费的费用越多，资产专用性越强；费用越少，资产专用性越弱。2008 年 9 月 26 日海源实业公司成立了农资超市，是目前海南省最大的以超市形式出售化肥农药的农资超市，投资较大。公司对外的销售渠道不仅包括我国大陆各大城市，还扩张到港澳地区，甚至是东南亚各国。农产品的生产特性本身就决定了农户投入资产的专用性。第一，农户投入的种子、化肥、农药等生产资料，一旦投入使用，便是沉没资产，无法再作其他用途。第二，农户购买的农产品生产的机械、农用工具等有一定程度的专用性，用于非农业生产的价值低。第三，土地也是专用性极强的资产，投入的某一个生产品种短期内无法更换，特别是果树等生产年限较长的农产品，加上水果蔬菜的易腐变质的特性，农产品生产更有瞬时的资产专用性。

案例结语

近年来互联网产业蓬勃发展。海源实业敏锐觉察到“互联网+农业”蕴含的商机。2013年开始，海源开始与阿里巴巴和淘宝网接触，并达成合作协议，共同构建特色海南网电子销售平台，联手阿里巴巴集团淘宝网打造海南农产品电子商务平台——淘宝网·特色中国海南馆，当年12月12日正式开馆运营。海南馆于2013年12月12日开馆以来，网络销售成交额已突破10亿元，入驻商家1000余家，入驻商品已超过1.5万种。

依托“互联网+农业”思维搭建的海南馆运营的初步成功，既给海源实业带来了新的业务内容和利润增长点，也促进了海南省农产品电子商务迅速发展；并且客观上有利于挖掘海南各地特色商品、建立海南特产销售网络与质检体系，以及打造海南农产品地域品牌。海源实业正在农村电商和互联网营销的道路上不断探索前行，在原有产业发展的基础上，不断开拓创新，更大程度上发挥着“富足农民，服务全国”的龙头示范带动作用。

“三像”企业文化助飞海南英利

采编/撰写：林銮珠

本案例描写了海南省一家生产、销售太阳能光伏产品的高新技术企业，通过企业文化的疏导转变员工心态，提高员工对企业的满意度和忠诚度，从而获得快速稳健发展的过程。案例着重介绍海南英利在“勤奋、诚实、道德、忠义”核心价值观的指引下，在企业内部营造“像家庭、像学校、像部队”的文化氛围，从而强化员工与企业的心理契约，构建利益共同体的过程，阐释了领导的人格特质、行业特点对企业文化形成的重要影响。

一、引言

2014年的圣诞前夕，北风伴随着丝丝细雨，令海口这个南国都城难得地感受到一丝冬天的寒意。暮色渐深，但海南英利研发大楼的办公区仍然一片灯火通明。员工们三五成群，有的在吊灯笼，有的在挂槲寄生，有的正用圣诞老人头像装饰员工的相片，有的正在研究圣诞晚会节目单。

一张张朝气蓬勃的脸庞上洋溢着节日的喜悦。2014年海南英利再创佳绩，荣获海南省“标杆企业”称号，再次证明了公司“三像”企业文化的生命力。

二、关于海南英利公司

（一）公司简介

坐落于海口狮子岭工业园区的海南英利新能源有限公司（以下简称“海南英利公司”）是英利集团除保定以外最大的产业园区。海南英利公司成立于2009年9月，是一家专业生产、销售太阳能光伏产品的高新技术企业，主导产品为多晶硅太阳能电池组件。公司目前已建设完成一期年产100兆瓦多晶硅太阳能电池完整产业链项目、二期年产400兆瓦多晶硅太阳能电池完整产业链项目。2013年在公司全体员工的共同努力下，出货量同比增长66%，实现光伏组件产量834兆瓦，销售收入31.8亿元，已成为带动海南省光伏产业发展的龙头企业。

海南英利公司以“生产老百姓用得起的绿色电力”为使命，向社会提供太阳能光伏产品和光伏发电系统解决方案。经过近30年的发展，集团产业逐步向上下游和相关产业延伸，涉及光伏制造、电力投资、房地产开发、绿色农业、金融服务、现代物流、休闲服务等领域。目前，英利总资产366亿元，员工29000人，在河北保定、海南、天津、河北衡水建有四大产业园区，在云南、广东、广西、陕西、山东、新疆等多个省份建有省级公司，在美国、德国、意大利、西班牙、日本、新加坡等30多个国家建有子分公司，产品服务于70多个国家和地区。

（二）公司架构和人员构成

海南英利公司隶属于英利集团南方大区管委会管辖，公司下设有生产部、硅片制造部、电池制造部、组件制造部、设备动力车间、系统集成部六大部门。公司的组织结构框架如图4－1所示。

经过五年多的发展，海南英利公司现有员工4000人左右。公司员工学历层次和年龄结构如图4－2和图4－3所示。这是一家以年轻员工为主体，且员工学历层次一般，对进一步学习与晋升有高度需求的制造型企业。

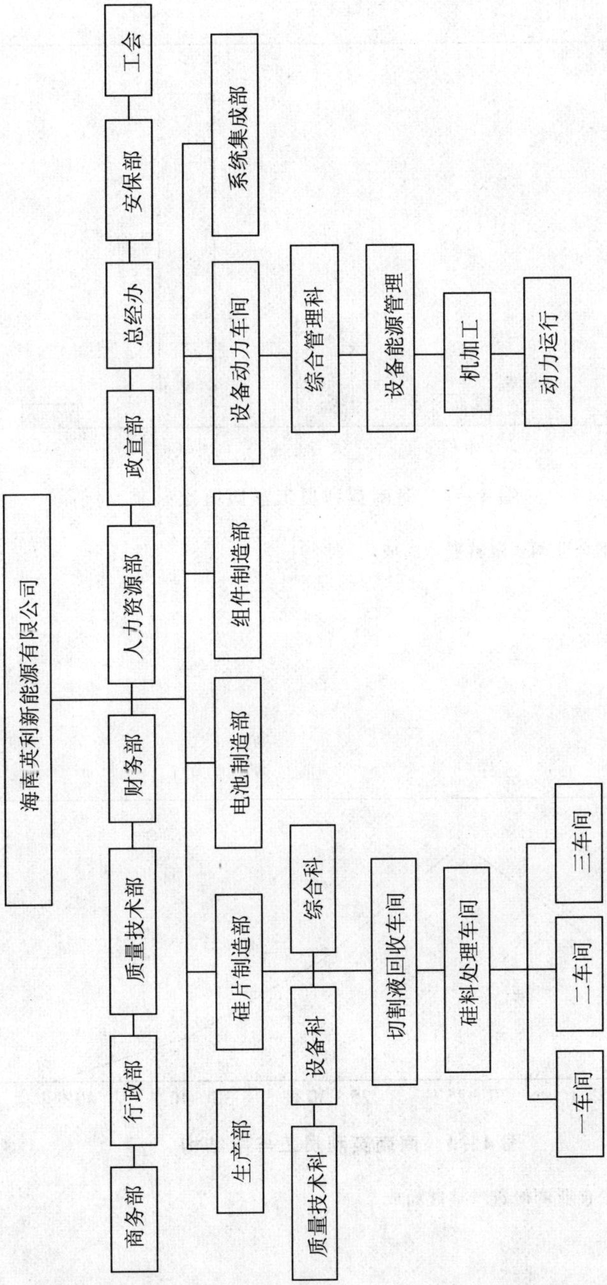

图4-1　海南英利组织架构

资料来源：根据企业调研资料整理而成。

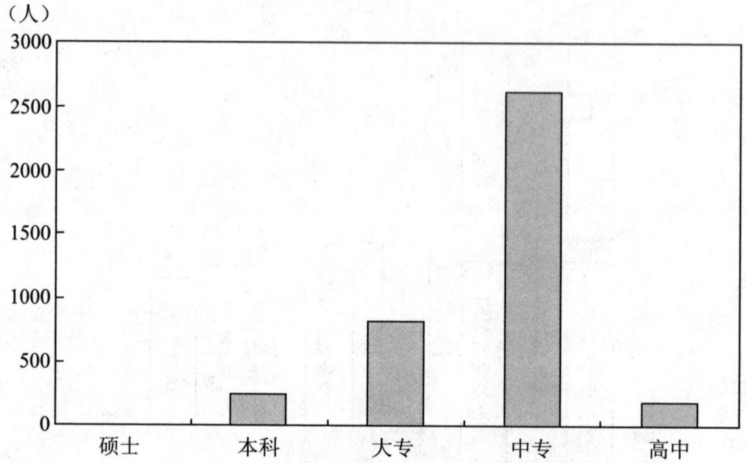

图 4-2　海南英利员工学历层次

资料来源：根据企业调研资料整理而成。

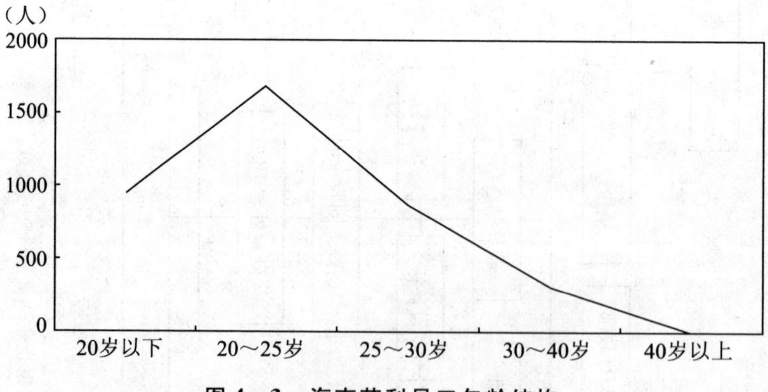

图 4-3　海南英利员工年龄结构

资料来源：根据企业调研资料整理而成。

三、光伏行业背景

光伏（PV）是太阳能光伏发电系统（Photo - voltaic Power System）的简称，是利用太阳电池半导体材料的光伏效应，将太阳光辐射能直接转换为电能的一种新型发电系统。随着国际市场需求的不断增长和国家在政策上对光伏行业的大力支持，我国光伏行业进入高速发展时期。2008 年，中国光伏企业仅有近 100 家，但到 2011 年已有 500 多家，三年成长近 5 倍。其中有数十家光伏公司分别在海内外上市。据估算，行业年产值超过 5000 亿元，利税 100 亿元，直接从业人数超过 50 万人。

2012 年以来，受到欧美的双反调查和行业激烈竞争影响，国内光伏产业一度陷入低迷，多家企业关停并转。在此背景下，政府及时出台各种扶持政策。2013 年 7 月，国务院发布《关于促进光伏产业健康发展的若干意见》。两个月后，国家发展改革委又发布《关于发挥价格杠杆作用促进光伏产业健康发展的通知》。2014 年 9 月国家能源局又下发《关于进一步落实分布式光伏发电有关政策的通知》，支持力度之大前所未有。在新政的推动下，光伏行业逐渐走出寒冷的“冬天”。

2014 年我国光伏行业骨干企业生产效率明显提高，部分企业产能利用率达到 85%，盈利情况趋好。2014 年我国多晶硅产量达到 13 万吨，占全球产量的 43%，硅片产量预计达到 50 万千瓦，占全球产量的 76%。太阳能电池行业完成产量 3767 万千瓦，同比增长 26.93%。排名前十位的太阳能电池企业有尚德电力、英利、晶澳、天合、阿特斯、韩华、中电电气、东营、新奥、海润等。

2014年我国太阳能电池组件产品产量创新高，天合、英利、晶科、阿特斯、晶澳、韩华、昱辉、海润、中利腾晖、正泰等十家企业总产能达到23750兆瓦，总产量达到19960兆瓦。具体如图4-4所示。

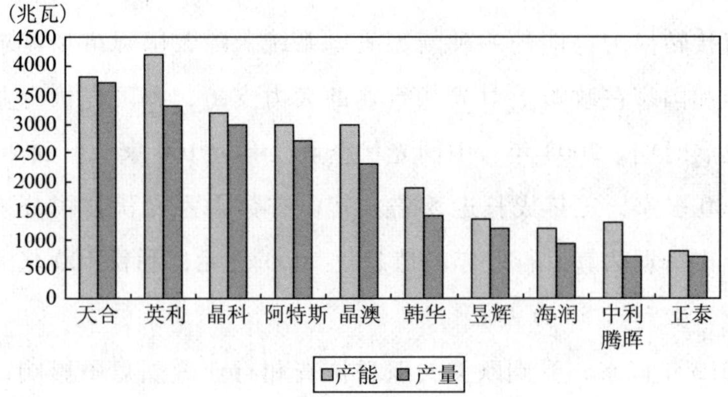

图4-4　国内光伏企业产能、产量情况

资料来源：根据企业调研资料整理而成。

四、集团董事长苗连生

英利集团成立于1987年，2007年6月在美国纽交所上市，光伏组件出货量位居全球第一。在河北保定、海南、天津、河北衡水建有四大产业园区。

集团董事长苗连生是军人出身，有着长达15年的军旅生涯，曾先后两次赴越南作战。他非常崇拜毛泽东，以活学活用毛泽东思想而自豪。据说企业命名有两个内涵，一个是“赢利”的谐音，另一个源自1935年毛泽东为陕北直罗镇大捷的亲笔题词“英勇胜利”。另外，企业所倡导的工作作风“团结、紧张、严肃、活泼”，也是源自1937年毛泽东为中国人民抗日军事政治大学的题词。苗总非常重视发挥党员的先锋模范作用。他创造性地提出"党建也是企业核心竞争力"，把支部建在产业链上，实现党建工作覆盖到班组，思想工作责任到人。同时提出"两个优先"的用人政策，即招聘员工时，党员优先录用；岗位变动时，党员优先晋升晋级。通过抓党建工作来增强企业凝聚力。

常年的军旅生涯在苗连生身上打上了深深的烙印。军人以服从命令为天职。对军人来说，没有拿不下来的山头，没有不敢啃的硬骨头。因此苗连生希望他的企业也能具备部队的优良作风，具有严明的组织纪律性和高效的执行力。他喜欢用开大会的形式传达他的"指示"，生产动员大会都以"会战"命名。而军队中常见的人性化的管理方式，他更是用得炉火纯青。苗连生曾与上万名英利员工一对一聊过天、谈过话。每次到海南来，都会召集一线员工和中层干部进行座谈，解答员工们工作、生活中遇到的实际问题。他还从集团总部保定空运两大口直径有1.2米的行军锅来海南，亲自为员工炖鱼炖肉，与员工们一起腌制泡菜等，让员工们感受到"家庭"般的温暖。

军人出身，加上光伏行业受国家政策影响很大，因此苗连生对政治有着很强的敏感性。他每天必看《人民日报》《河北日报》和中央电视台的《新闻联播》，能从报纸和新闻联播的细小变动中嗅出政策的下一步方向。每当国家出台新政策、新法规或者提出新思想、新理念时，都会组织员工认真学习。如十八届四中全会公报、习总书记的"一带一路"的战略思想、国家宪法日等一提出，英利马上组织全体中层干部和党员认真学习相关文件。他还在集团内部网上，专门为员工推荐国家能源局的文件、政策，第三次工业革命的起源、互联网时代的思维、3D 打印技术等系列文章，促使全体员工关注行业和国家的经济走势。苗连生还有着强烈的爱国主义情怀和社会责任感，他经常对员工讲：在战场上，军人的使命是保家卫国，捍卫国家主权的尊严；在市场上，企业家的使命则是满足老百姓的需求，使本国的产品在世界舞台上扬眉吐气。因此英利集团是首家赞助2010 南非和 2014 巴西两届世界杯足球赛的中国企业。同时英利所倡导的“勤奋、诚实、道德、忠义”的核心价值观和厂区内随处可见的“光伏入户，绿色电力在你身边”“生产老百姓用得起的绿色电力”等标牌无不彰显着英利所肩负的社会责任。

五、海南英利的“三像”企业管理

（一）像部队

穿过狮子岭工业园的光伏路，走进海南英利工业园区。矗立在眼前的是一栋五层的光伏研发大楼及错落有致的生产厂房，研发大楼上“中国英利”四个大字看起来是那样的引人注目。门口保安统一规范的着装与严格的门禁管理无不透露着企业现代规范化管理的气息。走进高大宽敞明亮的光伏研发大楼和全自动化、封闭式管理的生产车间，很难让人相信，5 年前这里还是一片荒芜。提起创业期的艰辛，政宣部的刘主管感慨地说：“我们在一片红土上开始我们的建设。建设初期，需要清理路面、拉电缆、挖地沟、扛管道，吊装所有的机器设备等。9 月的海南仍是高温多雨的天气。在高温烈日炙烤下，工人们汗如雨下，肩膀磨破了皮，脚上起了水泡，但大家并没有一句怨言。雨后泥泞的红土地上，道路湿滑，作业起来非常困难，经常搞到身上到处是泥巴，洗都洗不掉。”但是海南英利人硬是凭着吃苦耐劳、顽强拼搏的精神在这片荒野上建设起自己的家园。

军人出身的苗连生赋予海南英利很强的部队化风格。这首先体现在员工统一规范、款式很像军服的工装上。工装左臂鲜红的五星红旗和左胸上的“中国英利”四个字凸显企业的民族责任感。右胸有一个象征太阳的英利图形商标，喻意公司是从事太阳能产品生产的光伏行业。每个员工统一佩戴工牌与上岗证，小工牌通过颜色区分员工处于试用期（黄色）、转正期（蓝色）、正式工（白色），上岗证则标有员工的姓名、部门、工号、职务，所有员工的岗位及状态一目了然。工牌旁边每个党员佩戴的党徽更是凸显企业的部队特色和爱国情结。

其次体现在海南英利的准军事化管理上。海南英利的新员工全部要经过2周的严格训练，以培养“雷厉风行、令行禁止、吃苦耐劳、勇于负责”的优良作风。每天早上七点半至八点，英利所有员工都要出操锻炼身体，在一起跑步、打拳、练防身术、学英语、读报纸。像正规部队一样齐唱爱国歌曲、练队形。周五还要进行会操比赛，选出三个部门上台 PK，比赛输了的部门下周继续当擂主，接受其他部门的挑战。通过这样的比试，不断地提高员工们的士气和团队荣誉感。为了培养管理者们以身作则的优良作风，英利公司还组织为期两周的中高层领导晨训活动。每天凌晨五点半就开始严格的军事化训练，风雨无阻地跑步、站队列、走方阵。严格而痛苦的训练过程，练就了英利管理者们吃苦耐劳、精诚团结的优良作风以及强大的执行力。

再次体现在“8S”管理方法的积极推进上。为了改进质量，提高生产力和安全保证度，英利引进最前沿的“8S”管理方法。通过实施现场管理、定置管理、标准管理等，规范员工行为，提升员工职业素养。走进英利厂区，道路干净整洁，绿化良好；生产区域布局合理，通道畅通；工具定位管理，分类摆放；员工们穿着整洁的工作服，戴着口罩与手套，有条不紊地操作；流水线上的机器一尘不染；图文并茂的安全警示和安全标识随处可见。同时在英利每个作业区都悬挂着大幅“8S”展板，公开曝光生产中的不合理行为或违规行为。通过严格的制度规定与广泛的舆论监督，促使员工养成认真工作、规范操作的良好习惯。

最后体现在员工良好的职业素养以及强大的战斗力上。无论开会还是与客户谈判，海南英利员工们都会提前 5 分钟到场，这样既体现出对他人的尊重，又有充足的时间做准备。即使在厂区内员工们活动行走，都是两人成行、三人成列，靠右侧行走，体现出良好的纪律性。2012 年光伏行业“寒冬期”，英利的销售员主动出击，远赴德国、西班牙、意大利、韩国等国家抢客户、抢订单。在行业一片萧条时期，英利获得的 600 兆瓦订单显得那么引人注目。

（二）像学校

如何让年轻员工生活好、工作好的同时，学到更多的知识与技能，是英利公司领导一直关心的大事。经过五年多的探索，海南英利公司已开发了入职培训、在职培训、轮岗培训、晋升培训等多种培训方式，并建立了配套的人才培养机制。

1. 入职培训

海南英利公司 90% 的员工都是土生土长的海南人，从小的生活环境相对宽松，一下进入管理严格，还需要三班倒的制造企业会很不适应。因此海南英利非常重视新员工的入职培训，通过多种培训方式，使新员工尽快融入企业。

第一，企业文化培训，主要围绕企业发展历程、发展战略、员工的主人翁意识等进行，重点是“三像”企业文化的灌输与融入。培训期间每天都可以看见新员工们顶着炎炎烈日，迈着整齐的步伐，喊着嘹亮的口号，挥洒着汗水。在强健体魄的同时，坚定顽强的意志。半个月的军训让新员工们真真切切地体会到什么是令行禁止，什么是雷厉风行，什么是吃苦耐劳，什么是勇于负责。用反反复复的动作培养出军人般的战友情怀，以及同甘共苦、团结协作、集体意识等优秀品质。

第二，感恩心态的培训，主要培养员工感恩企业、感恩社会、感恩父母与朋友的心态。海南英利认为企业不仅要教会员工谋生的技能、培养合格的员工，更重要的是培养出合格的社会人。现在企业招的大部分员工都是“90后”，生活环境比以前优越很多，自我意识、自主观念更强，但是吃苦耐劳、奉献与责任意识则明显薄弱。企业要培养新员工学会做事，首先要学会做人。为了教孩子学会孝顺父母，海南英利提醒新员工们要经常打电话问候关心父母，过年必须给父母写感谢信，给父母100元或者给父母买礼物，培养员工对父母的感恩心态。只有员工学会了感恩，才能回馈社会，进而培养员工对家庭、对企业、对社会的责任感。

第三，安全意识的培训，主要注重新员工们安全意识、质量意识、节能意识的培养。安全生产是制造企业生存与发展的基础，每个员工都期盼着“高高兴兴上班来，平平安安回家去”。而质量意识更是制造企业的生存之本。海南英利作为一个大型生产企业，非常注重对新员工安全质量意识的培养与灌输。通过组织学习案例、观看安全教育警示片、开展安全专题考试等多种方式，引导新员工树立正确的安全意识与质量观念，提升员工安全管理与防范技能，确保企业生产的安全运行和各项经营任务的完成。

第四，岗前须知培训，主要由一些资深老员工、部门经理对新员工进行质量、安全、操作、工艺、劳动纪律等全方位的培训。主要包括《车间级安全培训》《生产工艺及质量意识》《部门文化》《绩效管理》《"8S"管理》《职业素养及规划》等课程，确保新员工了解和掌握相关岗位的基本知识和技能。

经过系统、规范的入职培训，促使新员工潜移默化地接受"三像"企业文化，形成良好的工作方式与生活习惯，从而为后面的严格管理打下良好的基础。

2. 在职培训

海南英利公司领导认为，企业就像一所没有围墙的学校，要给每位在职员工提供充足的学习机会和成长空间。

车间技能培训主要针对生产序列员工进行培训，由技术人员和班组长进行业务知识强化，培养员工真正的安全、质量、节能意识，满足员工提升技能和晋升发展的需求。培训课程包括《SOP 标准化》《班组安全培训》《岗位业务综合知识》《班组长角色认知》《班组长现场管理》等。主要运用 OJT（On the Job Training）方式，抓住实际工作中发生的问题，现场进行剖析与解答。培训特点主要是经验标准化和行为口诀化，把工作经验总结为简单易记的口诀，传授给员工并固化为员工的良好习惯。如电池片打包，遵循"一拿、二放、三检查、四打包"的原则。

职员职业化培训主要针对职员序列员工进行培训，一般一年两次。培训的课程是根据岗位胜任力素质模型，结合老员工、主管、高管所提出的建议开发出来的。课程包括素质通用类（如公文写作、日常英语、办公软件操作、商务礼仪等）和岗位专业类（如统计岗、内勤岗、人力资源岗等），修完通过考核后就可以获得加薪和晋升的资格。培训的特色主要是分层级培训和 E－leaning。

新晋管理人员主要通过导师制进行领导力提升培训。由资深的管理层，对新晋管理者进行角色定位、职业心态、人生观、公司人力政策、财务制度等的辅导。在职管理人员，主要进行分层级、分部门的针对性培训。通过"学习—练习—行动"的培训模式，使管理人员养成有效的管理行为习惯。为增强培训效果，海南英利还引进前沿的管理教练模式，通过改善在职管理者的心智模式来发挥其潜能和提升管理效率。同时每一季度都有高管对中层管理者授课，阐释公司的战略目标、发展思路，确保上下一心，充满激情地投入工作。

3. 轮岗培训

为了适应公司转型升级发展的要求，海南英利公司鼓励员工发展一专多能，根据自己的兴趣、爱好进行跨岗位培训。如硅片清洗工段的工人不仅要学会清洗、插片、了解原材料是否合格和能否入库、清洗设备是否正常运转、如何打包等相关工序，还要掌握回收料领用流程、喷砂工艺、整个硅料处理工序的工作。电池制造工段的工人不仅要掌握电池印刷环节的工序，还要掌握电池测试、质检等上下环节的工序。同时，公司会为员工创造尽可能多的轮岗锻炼机会，提高员工的综合能力，为晋升打下良好的基础。

4. 多阶多轨的晋升通道

海南英利公司一直致力于促进员工与公司共同发展。员工可以走横向发展路径，选择职员序列（职员→专责职员→中级职员→高级职员）、生产序列（技术工人→初级技师→中级技师→高级技师）、技术序列（技术员→助理工程师→工程师→主管工程师→主任工程师）晋升通道，也可以走纵向发展路径，选择管理序列（主管→副经理→部门经理→总监→副总经理→总经理）晋升通道。不同序列之间可以横向跨越。

海南英利公司会根据员工个人兴趣、特长和公司未来的发展，给员工安排相应的晋升培训。如生产员工想要走技术序列，就可以参加“后备技术人才通用类课程培训”；想要走管理序列，就可以参加“班组长通用类课程培训”。通过培训考核后，就进入公司的后备人才库。海南英利公司每年给员工两次晋升机会，员工可以自主申报，真正做到晋升有通道、发展有平台。

为了避免优秀的人才都去挤有限的管理岗位，海南英利通过薪酬设计引导员工自动分流，拓宽职业发展通道。在合理评估企业内部岗位相对价值的基础上，建立对外具有竞争力、对内具有公平性的薪酬体系，确保技术人员与管理人员享有同等的发展机会和平台，同一等级的工程师、中级职员可以获得与部门经理同等的地位、报酬和奖励。同时薪酬设计遵循向生产一线倾斜的原则，收入分配向关键人才和重要岗位倾斜，技术工人工资可以达到5000元/月，普通行政人员只有2700~3000元/月。因此生产序列、职员序列和技术序列的员工们能够安心从事专业工作，专心提升业务能力，走专家人才发展路线。

此外，工作表现优秀、充分认可企业文化的员工还可以担任内部讲师。成为内部讲师，一是可以获得授课薪酬，增加收入；二是增加晋升高级职位的砝码；三是可以增加员工的荣誉感。站在讲台上向同事传授自己的工作经验和技巧，是对员工工作的高度认可，可以在精神层面满足非管理系列员工的成就需要，有效调动普通员工的积极性。经过近五年的努力，海南英利已培养内部讲师100多名。

5. 建立员工信用档案

英利公司领导认为企业就是一所“社会大学”，肩负着对员工进行正确教育和引导的责任。为了鼓励员工践行企业核心价值观，做一个勤奋诚实、守信用、讲道德之人，海南英利公司为全公司4000名员工建立了成长信用档案，对每一位员工工作、学习、文化贯彻、创新意识等方面的行为进行档案记录，并给予相应分值。员工的信用分值与晋升晋级、住房优惠、奖金发放、评奖评优密切挂钩。对于分值高的员工在提拔任用时可优先考虑，分值特别低的员工将被给予警告或其他处分。通过信用档案建立牵引机制，提升员工的诚信意识和职业操守，从而最终建立一支与英利文化相融合、德才兼备的人才队伍。

6. 允许员工自由流动

海南英利公司对员工秉承一颗宽容、忠义之心，允许员工自由流动。对于跳槽后想返回公司的员工，海南英利公司也愿意敞开怀抱接纳他们。只要员工离开公司到社会打拼过6个月以上，在职期间无明显违规违纪、旷工等劣行，通过复职考核就可以重回原部门工作。海南英利公司人力资源部郭经理说：“聘用复职员工，一是不需要再培训，可节省培训费用；二是对企业熟悉，业务上手快；三是去外面见识过，比较过不同企业待遇后选择回来，忠诚度反而比较高；四是在其他企业的工作经历和感受，可为企业带来多元文化的影响。”因此这种复职制度既是给员工一个机会，也是给企业一个机会。海南英利公司成立至今，已经接收了回流员工近百名，充分体现了企业以人为本、关怀包容的爱心文化。

（三）像家庭

海南英利公司像家长爱护子女一样关爱员工，让每一位员工体会到企业的温暖，从而强化员工与企业的心理契约，形成对企业的认同感、归属感与忠诚感。

1. 安居方能乐业

海南英利首先解决员工的居住问题。公司为单身员工提供住宿，每六人一间，房间配有热水器、电视机、空调、饮水机、网线，每个月只需交 60 元的水电费。正式职工可以购买公司自建的经济适用房，平均价格 3000 元/平方米，只有市场价的 1/3 左右。生活区里健身房、舞蹈室、阅览室、网吧、运动场等设施应有尽有。因公司的地理位置相对偏僻，周边没有什么娱乐场所和设施，为此公司领导积极与公交公司协调，开通两条从市区到狮子岭工业园区的公交专线，以方便员工出行。工会每天晚上还会在广场放电影。只要市场新推出的热门大片，一个月不到，英利的员工就能一饱眼福。

2. 快乐地工作

使每位员工处于都良好的激励环境，是海南英利公司努力的目标。每天上班前，公司 10 名高管风雨无阻地在厂门口排队向员工问候：“早上好！”每天都要喊上百上千声。从早晨就激励员工，让他们带着愉快的心情开始一天的工作。同时公司出台各种政策，通过设立“首席员工岗”，组织英利吉尼斯、职工技能大赛等活动，营造争先创优的氛围，激发员工努力钻研、提升技能的热情和斗志。

2013 年 3 月，英利公司领导提出“人人都是经营者，人人都是当家人”的经营理念，大力提倡“创新草根化”，发动全员进行技术创新和管理创新。公司投入 1 亿元用于科技创新，并专门拿出 400 万元重奖创新能手和改革先锋。2014 年 4 月海南英利公司又成立草根创新工作室，为员工们提供探索、创新的平台。这种“不唯学历、唯能力”的管理思想，有效地激发了一线人员的热情，涌现了一批创新之星和技术能手。组件制造部的蔡亲瑞、王雄，利用闲暇时间进行热风管改造再利用，每年可为公司节省 188561 元。设备动力部的陈兴强、陈维召，进行真空水泵轴承顶杆拉马设计制造，每年可为公司节省 10 万元。至 2014 年 7 月，公司科技创新项目申请注册近千项。专利申请 80 项，授权 32 项。科研项目立项 28 项，有 12 项获奖。先后获得“海口市创新企业”“海口市科技工作先进单位”和“国家知识产权战略实施先进集体”荣誉。

3. 缤纷多彩的生活

为了满足年轻人追求时尚的需要，每当社会流行一种广场舞时，海南英利公司就会组织体员工学习。目前全公司已经先后学过骑马舞、最炫民族风、大河之舞、倍儿爽、小苹果等。同时公司每隔 2 个月就会开展一项大型运动比赛，包括篮球联赛（3 月）、排球联赛（5 月）、乒乓球联赛（7 月）、足球联赛（9 月）、冬季运动会（12 月）等。通过各种紧张激烈的比赛，激发员工的青春活力和拼搏精神，强化员工的团队凝聚力。

每年金秋 10 月，海南英利公司都会举行“好声音”歌手大赛，给具有音乐才华的员工提供展示自我的舞台。提出“英利大舞台，有才你就来”的口号。经过初赛、复赛、决赛的层层选拔，最终的胜出者将以串烧形式参加1月举行的英利春节联欢晚会。

每年11月，海南英利公司还会举办“天天美食”烹饪大赛，员工们充分展露烹、炸、炖、炒等各项绝活。现场香味扑鼻，欢声笑语不断。这个比赛不仅给喜爱厨艺的员工提供了展现自我的机会，也为年轻的员工提供交流生活经验的机会。

每年12月初，苗连生还会带领大家一起腌泡菜。在广场中央一字排开长桌子，有人负责洗、有人负责切、有人负责拌，在大家的说笑声中，一箱箱大白菜、红萝卜和水果很快变成色、香、味俱全的佳肴美食。这一活动不仅使员工享受到新制泡菜的美味，更让员工们体会到公司“家庭”般的温暖。

每当逢年过节，海南英利还会举办各种集体活动，满足不同员工的个性化需求。三八节女职工们可以玩游戏、看电影、收礼物；端午节全体员工发粽子；七夕节组织年轻职工开展联谊交友活动；八一建军节举行退伍老兵晚宴；中秋节给全体员工发月饼。除夕夜组织留守人员一起包饺子、看春晚；大年初一公司领导会齐聚厂门口击鼓迎春，给坚守岗位的员工发红包；元宵节还会组织丰富多彩的游园活动，让员工们在紧张的工作之余得到充分的放松，有效地调动员工的积极性。

4. 与家属的良好沟通

为了感谢家属们对公司工作的理解与支持，每年春节海南英利都会以公司名义给员工家属写感谢信。每年5月还会邀请员工家属来企业参观，亲身感受公司的“三像”文化。通过观看公司宣传片，参观生产线、生活区、在建的公寓楼和其他配套设施等，使广大员工家属零距离体验亲人的工作、生活环境，感受海南英利的发展历程以及未来前景。海南的大型生产企业不多，因此家属们在充分了解英利公司发展速度后，都为自己的亲人能在英利工作、学习、锻炼而感到由衷的喜悦和放心，从而进一步提升了员工及家属对公司的认同感、归属感。

5. 培养员工的主人翁意识

在海南英利公司，对所有员工都一视同仁。不论高管还是普通员工，都穿统一的工作服，相互叫名字或昵称，不称呼头衔。为了培养员工的主人翁意识，海南英利公司大力开展“我不是配角，我为公司发展建言”活动。公司专门建立企业 QQ 群，开通员工信箱与工会信箱，还创办了每月两期的内部杂志《Hi 英利》，鼓励大家通过各种渠道反映自己的建议和诉求。

海南英利公司还组织志愿者成立爱心联盟，专门对困难员工帮扶助，公司一次性注资 10 万元，员工每人每月出 2 元，用于急性疾病等医疗费用的垫付。每到中秋、春节等传统节日，公司高管都会去困难职工家庭里慰问。工会还会热心帮助员工解决孩子入托、入学、上户口等生活难题，推进员工关爱工作。在办公室、生产车间等公共区域都挂着“有问题找工会”的看板，方便员工随时提出问题。2012 年以来，面对欧美双反、多家企业关停的不利局面，海南英利公司第一时间向员工承诺：“不裁员，不减薪，不让一名员工掉队!”海南英利公司这种以员工为本、设身处地为员工着想的管理理念，使员工放心地把企业看作一生事业的依托，从而做到对企业的死心塌地。

6. 勇于承担社会责任

海南英利公司自创立以来，发展不忘回馈社会，秉承“道德、忠义”的价值观，主动为残疾人提供就业机会。目前已招了60多个聋哑残疾人，从事光伏专用焊带、汇流带和接线盒等相对轻松的工作，他们的薪酬待遇和正常员工完全一样。公司每周二晚上还组织大家学习手语，以方便与聋哑员工交流。在公司的关爱下，这群特殊的员工完全把英利当作自己的家，快乐地工作与生活。不仅参加每天的出操锻炼，还积极参加足球赛、篮球赛、春晚等各种文体活动。有的残疾员工还成为生产线上的顶梁柱，流失率比正常员工还低。同时，海南英利公司还大量吸纳安置下岗职工和失地农民就业，为本省高校毕业生、大学生提供了大量的实习和就业机会。因在促进就业、建立和谐劳动关系等方面做出突出贡献，2013年海南英利公司荣获“全国就业与社会保障先进民企”称号。

案例结语

2014年12月26日下午，连续几天的降温加上降雨，天气显得相当阴冷，但海南英利公司四楼的培训大厅却人声鼎沸。海南省人力资源市场组织的“走进标杆企业”活动正在海南英利公司举行，来自130多家企业的人力资源管理者正在学习与交流。年轻而自信的英利公司主管所分享的培训心得给大家带来相当大的震撼，一个成立仅五年的企业已经开发了320门培训课程，建立了系统的培训体系，并一直在探索和实践前沿的培训方法。是什么动力支撑这群年轻人如此高效、充满激情地工作，是在场人士深深思考的问题。本案例呈现了海南英利的“三像”企业文化和管理模式；海南英利的管理经验，对于海南本土企业乃至全国同类制造企业来说，都值得借鉴。

海胶集团的IPO之路

采编/撰写：曾　峰　朱立廷

海胶集团的两次上市经历引起业界的广泛关注。本案例着眼于海胶集团的特殊行业背景和发展历程，采用白描方式呈现了海胶集团上市前后的发展状况与证券市场上市的主要历程。案例分析海胶集团的两次招股说明书，并呈现海胶集团为国内证券市场上市所采取的具体行动和相应举措。海胶集团IPO的案例解读，无疑对海南省内乃至国内其他地区的农业行业企业、农垦领域企业的战略转型、上市融资等有所启迪。

一、引言

海南的天然橡胶产业是1952年新中国成立初期为保证国防及工业发展的需要而建立起来的，这种产生背景决定了其责任主体——海南农垦一直都具有鲜明的政治军事色彩，同时也包含着国有企业的本性。在相当长的一段时间内，海南农垦一直实行政企合一、依靠行政指令进行管理的经营模式，过多的社会职能为海南农垦发展带来了沉重的社会负担。特别是改革开放以来，海南农垦既享受不到国家有关惠农政策的扶持，也难以享受到海南省公共财政的支持，海南垦区进入了前所未有的困难时期。海南农垦旧有的管理体制和经营模式难以适应海南区域经济快速发展的需要，海南天然橡胶产业的进一步发展也遭遇到了严重的制约，对其进行面向市场的管理体制改革刻不容缓。

2008年7月9日，国务院正式批复《关于推进海南农垦管理体制改革的意见》，明确从2008年1月1日起由海南省全面管理海南农垦，实现管人、管事、管资产的统一，并要求海南农垦按照政企分开、社企分离和建立现代企业制度的方针进行体制机制改革，实现海南农垦“体制融入地方、管理融入社会、经济融入市场”的目标。海南农垦改革被中共海南省委定为2008年的“一号工程”。海南农垦的改革、发展、稳定，事关“海南国际旅游岛建设”以及海南省经济社会又好又快地发展。

二、海胶集团概况

海南天然橡胶产业集团股份有限公司（以下简称“海胶集团”），是在2005年3月29日经国家农业部和海南省政府批准，依照法律程序，由海南省农垦总公司（现更名为海南省农垦集团有限公司）作为主发起人，将所属与天然橡胶业务相关的全部经营性资产作为出资，并结合广东省农垦集团公司、中化国际（控股）股份有限公司、中化国际（控股）股份有限公司、海南星仕达实业有限公司、中联橡胶有限责任公司和北京橡胶工业研究设计院等发起人以现金形式进行出资，共同发起设立的股份制有限责任公司。主发起人和绝对控股股东为海南省农垦总公司，其持股比例占总股本的99.3958%。

海胶集团是国家农业产业化重点龙头企业，设立时其注册资本为31.45亿元，拥有胶园343万亩，年产干胶能力20万吨左右，是我国最大的天然橡胶生产基地。海胶集团拥有27家橡胶基地分公司，1家橡胶加工分公司（下属13家加工厂），7家子公司，员工7万余人（公司组织架构见图5－1）。

海胶集团拥有一批自主科研成果，橡胶生产技术达到世界先进水平；天然橡胶产品加工技术的许多方面也处于国际先进水平，产品质量在国际上具有相当的竞争力。海胶集团近年来的天然橡胶种植面积、种植株数和干胶产量如表5－1所示。

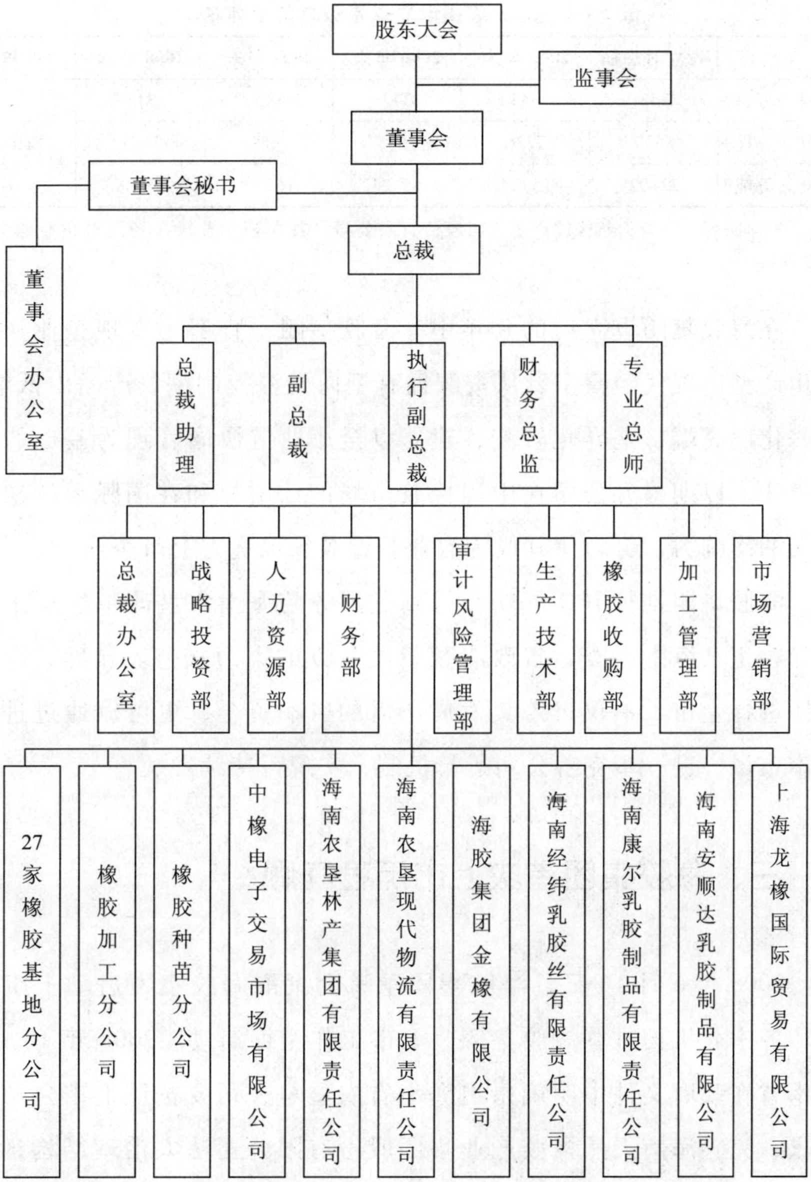

图 5－1　海胶集团组织架构

资料来源：根据调研资料整理而成。

表 5-1 海胶集团设立以来胶林的总体情况

项目	设立时规模	2005 年末	2006 年末	2007 年末	2008 年末	2009 年末
面积（万亩）	343	343	343	343	317	317
株数（万株）	8609	7726	7685	7689	7101	7108
产量（万吨）	22.02	15.24	15.24	16.77	15.28	14.97

资料来源：海南天然橡胶产业集团股份有限公司．首次公开发行 A 股股票招股意向书[Z]. 2010-12-15.

在海胶集团设立后的几年中，海胶集团一直努力实现企业从传统生产型向现代经营型、从资源拥有型向资源控制型，产品由低端、单一化向高端、差异化转变，建立以全产业链协同管理为基础的运营模式，以期提升公司在中国橡胶市场的话语权和在国际天然橡胶市场的影响力，努力使其成为农业与橡胶领域优秀上市企业。

海胶集团推行 IPO 战略，得到了国务院海南农垦改革发展工作领导小组、海南省委、省政府及相关各方的大力支持。显然，海胶集团选择上市，不仅可筹集发展所需的巨额资金，更可以通过进入资本市场，进一步完善公司运行机制，实现可持续发展。

三、海胶集团首次上市历程回顾

2008 年 6 月 16 日，海胶集团董事会批准海胶集团启动上市计划，各中介机构进驻海胶集团，上市工作全面启动。2008 年 10 月，海南省在政府文件中明确指出海南省农垦总公司要按照上市公司的要求，完善海南天然橡胶产业集团股份有限公司法人治理结构，规范管理运作，推进橡胶产业集团上市，带动橡胶产业集团及所属基地分公司体制机制的转变，把橡胶产业集团改造成富有生机活力的上市公司。

2009 年 8 月 7 日，海南省农垦总公司在海南省产权交易所公开挂牌转让持有的不超过 6% 的海胶集团国有法人股股权，共 1.8 亿股，转让股份均分为 9 个子标的，每份 2000 万股，同一竞买人认购不得超过 4 个子标的。厦门国贸拍获 3 个子标的共 6000 万股，成为海胶集团第二大股东；雅戈尔、厦门裕田、厦门象屿、海南控股、罗牛山、和合控股等 6 家公司各拍得 2000 万股。通过此次转让，使原先高度集中于海南省农垦总公司的股权得以适当分散，对上市工作的推进起到了一定的帮助作用。

2009 年 9 月，海胶集团提交的《首次公开发行 A 股股票》行政许可申请材料被中国证监会正式受理，海胶集团的上市工作迈出了实质性的一步。随后，海胶集团下属分公司扁平化管理工作开始启动，并在 2010 年 2 月召开了海胶集团上市工作的培训会议。

然而，在 2010 年 4 月 2 日召开的中国证监会发行审核委员会 2010 年第 58 次会议中公布结果显示，海南天然橡胶产业集团股份有限公司（首发）未获通过。这一结果，对于正全力向资本市场冲刺的海胶集团来说，似乎不是一个好消息，也引起业界和社会各界的极大关注。

四、海胶集团首次上市被否决的主要原因

天然橡胶产业是典型的资源约束型产业，我国适宜种植橡胶的土地面积有限，天然橡胶生产能力不足，作为现代工业四大基础原料之一的天然橡胶在中国长期呈现着紧缺的局面。最新资料表明，中国已成为世界最大的天然橡胶消费国和进口国，目前中国对天然橡胶的进口依存度已达 70% 以上。海胶集团作为我国最大的天然橡

胶生产基地，拥有300多万亩胶园，具有无法比拟的资源优势。海胶上市被否这一结果似乎出乎很多人意料。然而综合内外各种因素，究其深层原因，我们可以发现证监会的这一结论并非没有依据，海胶集团和公司上市的要求确实存在一定差距。虽然海胶集团从2005年成立以来一直朝着上市的方向努力，但海南天然橡胶产业长期以来旧有的管理体制和计划经济时期的遗留问题对海胶集团从人员到管理制度、从运行模式到企业文化等各个方面都有着根本性的影响。海胶集团想要在短短几年之中脱胎换骨，从旧有计划经济体制下的传统企业向当今市场经济体制下的现代企业转变并非易事。综合来看，海胶集团上市被否主要是因为以下四个方面的问题：

（一）公司盈利的可持续性问题堪忧

盈利的可持续性问题是海胶集团上市被否最主要的原因，这一点可以通过其公布的上市前三年财务报表中的主要财务数据明显看出，如表5－2所示。

表5－2　海胶集团上市前三年主要营利性指标

项目	2007年	2008年	2009年
营业利润（万元）	50697.40	31234.33	24741.67
净利润（万元）	58382.70	33797.43	28278.97
经营活动产生的净现金流（万元）	110050.36	45130.77	41418.87
基本每股收益（元/股）	0.19	0.11	0.09
净资产收益率（加权平均）（%）	16.92	8.90	7.71

资料来源：海南天然橡胶产业集团股份有限公司．首次公开发行A股股票招股说明书（申报稿）[Z].2010－03－22.

从表5－2中可以看出，从2007年到2009年的三年中其收益一直呈现大幅下降的趋势，营业利润和净利润分别下降了51%和

52%，经营活动产生的净现金流下降了 62%，基本每股收益下降 53%，净资产收益率下降 54%，降幅皆超过一半以上。照此趋势预测，若海胶集团不能采取重大的经营改善措施或投资建设切实可行且具有较高营利性的项目，其接下来几年必亏无疑，即使上市成功也很快会被 ST。

在 2010 年 3 月海胶集团提交的招股说明书中，公司上市募集资金的使用规划如表 5－3 所示。

表 5－3　海胶集团 2010 年 3 月招股说明书中所列募集资金使用情况

序号	项目名称	募集资金投资总额（万元）	所占比重（%）
1	胶园更新种植建设项目	72832	55.84
2	橡胶种苗繁育基地建设	4800	3.68
3	橡胶开割树防雨帽技术推广应用	4180	3.20
4	橡胶树气态刺激割胶新技术推广应用	3613	2.77
5	补充公司流动资金，偿还银行贷款	30000	23.00
6	补充金橡公司营运资金	15000	11.50
合计		130425	100.00

资料来源：海南天然橡胶产业集团股份有限公司．首次公开发行 A 股股票招股说明书（申报稿）[Z]. 2010－03－22.

从表 5－3 中可以看出，其募集的资金主要用于胶园的更新种植及补充流动资金，而经实地调查，胶园的更新种植项目的投资回收期竟长达 41 年之久，仅项目投资建设期就要 8～10 年的时间，如此漫长的投资回报周期，再加上其间存在诸多的自然风险、政策风险等不确定性因素，导致该项目未来的盈利状况让人怀疑。另外其将用 4.5 亿元资金来偿还贷款、补充流动及运营资金，占募集资金总额的比例高达 34.50%，而通过其资产负债表可以算出其近三年的资产负债率皆不超过46%，远低于行业平均水平，根本没必要为此而募集资金，除非其内部资产存在问题。这种募集资金使用规划情况完全表明海胶集团并没有实施重大经营改善措施的计划，更没有切实可行的高营利性投资项目，反而有借助上市“圈钱”的嫌疑。综合以上几点可以得到如下结论：海胶集团不但目前的可持续盈利能力在不断下降，而且在未来没有改善的迹象，其可持续盈利能力的不确定性极大。

资本市场最主要的职责之一就是维护广大投资者的利益，能否具有为广大投资者提供持续性盈利的能力关系到公司存在和上市的根本意义，这也是目前作为我国公司国内上市的主管部门——中国证监会对资本市场准入审批考察的最主要的一个方面。

根据中国证监会当前实施的《首次公开发行股票并上市管理办法》《证券期货法律适用意见第1号》和《证券期货法律适用意见第3号》的规定，首次公开发行股票的发行人不得有影响持续盈利能力的几种情形，其中前两条为：一是发行人的经营模式、产品或服务的品种结构已经或者将要发生重大变化，并对发行人的持续盈利能力造成重大不利影响；二是发行人的行业地位或发行人所处的经营环境已经或将要发生重大变化，并对发行人的持续盈利能力构成重大不利影响。对于海胶集团而言，有以下几个方面与上述情景相符：

第一，近年台风、寒害等自然灾害多发，这给海南天然橡胶的生产带来严重威胁，造成其盈利的不确定性。

据统计，从1950年海南解放到2005年的56年间共有117个热带气旋登陆海南岛，年均2.1个，其中12级以上台风40个，年均0.7个（见表5-4）。

表 5-4　1950—2005 年登陆海南岛的热带气旋时间分布

月份	4	5	6	7	8	9	10	11	合计
热带气旋	1	5	11	17	29	34	15	5	117
其中：台风	0	1	3	5	8	11	9	3	40

资料来源：周芝锋. 登陆海南岛的热带气旋特征及其对海南垦区橡胶生产的影响 [C]. 中国气象学会2006 年年会“灾害性天气系统的活动及其预报技术”分会场论文集（成都），2006：667-668.

从表 5-4 中可以看出，每年 4—11 月海南岛都有热带气旋登陆，6—10 月较为密集，平均都在 10 个以上，其中台风则在 8 月、9 月、10 月三个月较为集中。

由海南橡胶的生长特点可知，海南橡胶树开割期一般在每年的 4 月初，停割期在 12 月底，一年中的高产期正是在 8 月、9 月、10 月三个月。由此可见，海南的橡胶生产期基本处于热带气旋登陆活跃期，而橡胶高产期则正是台风的多发期，热带气旋尤其是其中的台风给海南橡胶的生产造成了严重的影响。

在近 50 多年登陆海南的 40 个台风中，给海南橡胶生产带来重大损失的有 4 个，分别是在琼海登陆的 7314 号，在陵水登陆的 9612 号、0016 号，在万宁登陆的 0518 号，其给海南农垦带来的损失如表 5-5 所示。而在这 4 个台风中有 2 个连续出现在 21 世纪的前 5 年，不排除今后重大台风灾害年际跨距缩小、频率增加这一可能性。

表 5-5　1950—2005 年给海南农垦带来重大损失的台风

台风名号	7314	9612	0016	0518
开割树（≥3 级）受害率（%）	24.3	25.0	15.4	50.9
当年干胶损失（吨）	2982	36170	23010	71000

资料来源：周芝锋. 登陆海南岛的热带气旋特征及其对海南垦区橡胶生产的影响 [C]. 中国气象学会2006 年年会“灾害性天气系统的活动及其预报技术”分会场论文集（成都），2006：667-668.

寒害也是威胁海南天然橡胶生产的又一种严重自然灾害。最近的一次寒害就发生于2008年。当年初出现的50年罕见、历时最长（46天）的低温寡照和阴雨天气，使胶园损失严重。据统计，海南农垦橡胶寒害受害株数达6614.4万株，受害率为73.6%。其中橡胶开割树受害面积311.41万亩，受害株数4737.8万株，受害率为74.3%，内干枯死亡100多万株；橡胶中小苗受害面积85.14万亩，受害株数1876.6万株，受害率为68.1%，内干枯死亡111.7万株。此次寒害随后又引起橡胶白粉病、小蠹虫等病虫害的大规模爆发，这使橡胶生产雪上加霜。据统计，2008年直接经济损失总体达16亿元以上，若再考虑此次灾害对今后生产造成影响的后续损失，其损失规模将远高于上述数字。

第二，橡胶价格波动过大，对盈利构成直接影响。在我国天然橡胶市场开放的近十几年里，橡胶价格一直都处于波动之中（见图5-2）。

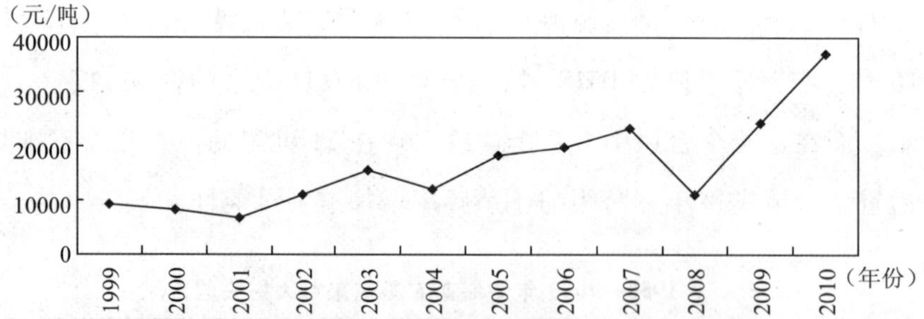

图5-2 上海期货交易所1999—2010年沪胶指数走势

资料来源：根据上海期货交易所期货交易系统历年数据整理而成。

从图5-2中可以看出，1999—2010年的12年中，胶价最低时在7000元/吨左右徘徊，而最高时则超过20000元/吨。振幅高达

459.89%。橡胶价格的这种剧烈波动势必导致目前以天然橡胶生产为主的海胶集团的盈利水平随之波动，这给其持续盈利带来严重挑战。

第三，主营业务正由橡胶种植向橡胶贸易转变，导致目前其核心竞争力缺乏，未来盈利面临较大不确定性。海胶集团以往以橡胶种植业为主营业务，在 2007 年开始的改革中，其确立了以建立现代企业制度为方向，从拥有资源向控制资源转变，从单纯生产型企业向生产加工和物流贸易型企业转变的目标，并制定了相应的大营销战略。在此以前，海胶产品的销售区域仅限于海南省省内或直接等待需求方自己主动登门收购，作为一个具有 31.45 亿元资产、7 万余名员工的庞大企业集团，其营销部门只有 16 人，并且几乎从不走出海南。随着大营销战略的实施，海胶集团从 2009 年 7 月开始先后在上海、广东、青岛、天津等地设立办事处，并注册了上海龙橡国际贸易公司、新加坡发展有限公司，开始在国内及国外收购并销售自身及其他企业以橡胶为主的产品。根据计划，2010 年海胶集团又将进军作为我国第二大天然橡胶生产基地的云南，展开橡胶的收购业务。其最终蓝图构架为通过建立以天津、上海、山东、广东 4 个片区为主体的销售平台，以及以海南、云南、境外为主体的三大资源基地，将海胶集团打造成为真正的资源贸易型企业和服务贸易型企业。

长远来看，海胶集团这一系列方向性的转变确实具有重大的战略意义，它的成功将使海胶集团未来对橡胶资源的控制能力大大增强，对今后盈利水平的提高有着非常重要的作用。但这些都是基于“转变成功”这一假设之下，并不代表海胶集团已经具备了相应的盈利能力。从海胶集团产生的历史背景来看，其在贸易行业尤其是在整个国内甚至国际范围内开展贸易的实际经验十分匮乏，对其来说实属进入全新的行业。具体来讲，海胶集团在这方面欠缺以下三点：首先，其缺乏作为一个贸易企业所必需的完备的产品收购系统、运输物流系统和营销网络体系；其次，它缺少针对贸易行业的管理经验，没有一整套行之有效的管理体制；最后，作为贸易行业最重要的元素——专业人才，尤其是贸易行业优秀管理人才及营销精英，海胶集团严重匮乏。海胶集团可以凭借自身和母公司雄厚的资本实力快速在全国各地甚至东南亚建立自己的办事处，注册成立贸易公司，但这并不代表其拥有了完整的贸易网络体系。组织的有机程度是二者之间最大的区别。海胶集团也可以花重金在社会上广泛招聘管理人才和销售精英，但管理体制的建立并非靠招聘到的卓越管理人才就能够解决的，只有招聘到的人员通过一定的磨合期融入海胶集团系统，消化吸收后成为其内部人才后才能起到相应的作用。而这个融入和消化吸收的过程则需要一定的时间来完成。

（二）资产独立性问题未能彻底解决

除上述原因外，海胶集团资产的独立性也是上市被否的重要原因。中国证监会实施的《首次公开发行股票并上市管理办法》和《证券期货法律适用意见第1号》《证券期货法律适用意见第3号》等对主板上市公司首次公开发行股票时独立性的要求，其中一条为：发行人的资产应当完整，生产性企业应当具备与生产经营有关的生产系统、辅助生产系统和配套设施，合法拥有与生产经营有关的土地、厂房、机器设备以及商标、专利、非专利技术的所有权和使用权，具有独立的原料采购和产品销售系统。在海胶集团的总资产中，截至2009年9月首次申请上市时，海南省农垦总公司作价入股的林木资产中仍有约10万亩林木资产尚未办理林权证书，而海胶集团从2005年3月成立到此时已有4年半时间，也已办理342万亩的林木资产权属证，此10万亩林木的林权证书尚未办理完毕最有可能的一种情况是：这部分资产存在问题，仍不能由海胶集团合法地独立拥有和支配。

（三）资产和人员分离不彻底

海胶集团的母公司海南省农垦总公司从成立以来一直实行的是政企合一的管理体制，企业办社会是其明显特征。几十年来其一直承担着垦区的教育、医疗、治安、社保等各项社会职能，下属机构中学校、医院、公安局等单位占了相当一部分。虽然在近几年开始的改革中，海南农垦在海南省政府的协助下逐步对其社会职能和资产进行剥离，但至今尚未完成。其生产性和非生产性资产及人员的相互交错大大增加了分离的难度。虽然海胶集团是由海南省农垦总公司以其橡胶产业的经营性资产设立的，但这只是相对而言，从现代企业的角度来看其中仍直接或间接包含相当一部分非经营的资产及人员。如海胶集团下属基地分公司的医疗体系，近万人的庞大护林保胶队伍和生产富余人员，给职工及离退休人员建设的住房、道路、电力设施等非生产性的社会性资产。另外，海胶集团与其母公司海南省农垦总公司也存在着千丝万缕的关系，资产和人员交叉现象严重，所有权界限模糊，如海胶集团的 9 名董事和 3 名监事中，分别有 5 名和 2 名由海南省农垦总公司提名，其中 4 名董事、2 名监事在海南省农垦总公司任重要职务，而海胶集团的董事兼总裁也曾在海南省农垦总公司任职。这些都与要求产权清晰、权责明确、政企分开、管理科学的现代企业制度相悖，也与上市公司的独立性要求不符。

（四）公司现代企业制度管理体制尚未完全建立

在改革中海南农垦将自身社会职能逐步移交给海南地方各市县，力图加快推进垦区公司化改造的步伐，建立起现代化的企业制度，借助外来企业的力量共同合作开发。国有开割胶园职工长期承包是橡胶生产经营管理体制的重大改革，通过改革将促进农垦建立现代企业制度，实现政企分离，提高承包职工对橡胶资产的关切度，调动其生产积极性，增加企业和职工收入，促进橡胶产业持续快速发展。但由于农垦管理体制的特殊性，天然橡胶的综合成本一直居高不下，要在改革中大幅度让利给胶工可能在短期内难度较大，因而天然橡胶的所有权和经营权即“两权”始终难以得到有效的同步改革。基本上历次的经营体制改革均是在实行“两权”分离，即所有权归海南省农垦总局或海胶集团，经营权下放给胶工，胶工只是事实上的劳务承包人。这种体制下，胶工的收入是有限的，企业日常管理过程中，常常使用行政命令。

随着海胶集团基地分公司和基层单位的不断重组整合，以及管理人员的不断精减分流等改革的推进，管理跨度越来越大，对天然橡胶生产的有效监督管理越来越难。再加上随着基地分公司及以下基层单位从过去的生产管理向收购职能的转变，基层单位管理人员监督管理的精力分散，出现监督管理不到位的现象。

五、海胶集团第二次成功上市的基本经验

海胶集团首次上市受挫后，集团并没有因此动摇挺进资本市场的信心，而是认真面对现实、理性分析原因，在查找自身不足的同时，更加坚定了推进农垦改革的信心，增强了走向资本市场的信念。海南省农垦总公司和海胶集团通过对此次上市失败的经验和教训进行深入的总结，着重解决了盈利可持续性、资产独立性等几个突出问题，最终在 2010 年 12 月 10 日提交第二次上市申请时得以通过。通过比较这两次的招股说明书及实地调查，可以发现海南农垦和海胶集团在申请第二次上市时，主要是从以下几个方面入手：

(一) 可持续盈利能力的改观

海胶集团在解决证监会、投资者及社会公众等对其可持续盈利能力的怀疑方面，主要从两方面入手进行整改：

首先，通过财务做账的手法将 2010 年 1—9 月财务数据进行添加。2010 年天然橡胶价格上涨、需求增加等因素，使公司经营状况得到很大改观，2010 年 1—9 月海胶集团的财务各项经营性指标均好于 2009 年的水平（不排除为达到上市目的而进行人为操纵经营状况及财务数据的可能性），加入这一数据后，各主要营利性指标从连续下降转为掉头回升（如图 5－3 和图 5－4 所示）。该财务指标回升，在很大程度上改变了证监会、投资者及社会公众之前的“公司近三年盈利能力持续下降”的判断。

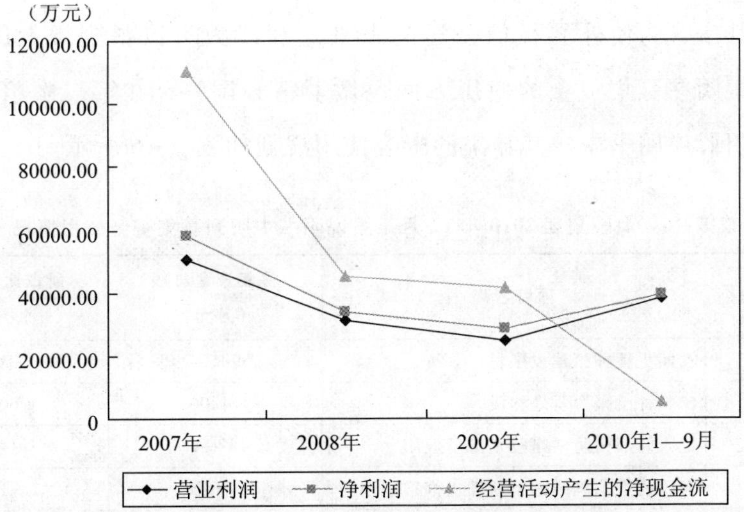

图 5－3　海胶集团第二次上市前主要经营性指标（1）

资料来源：海南天然橡胶产业集团股份有限公司．首次公开发行 A 股股票招股意向书［Z］．2010－12－15．

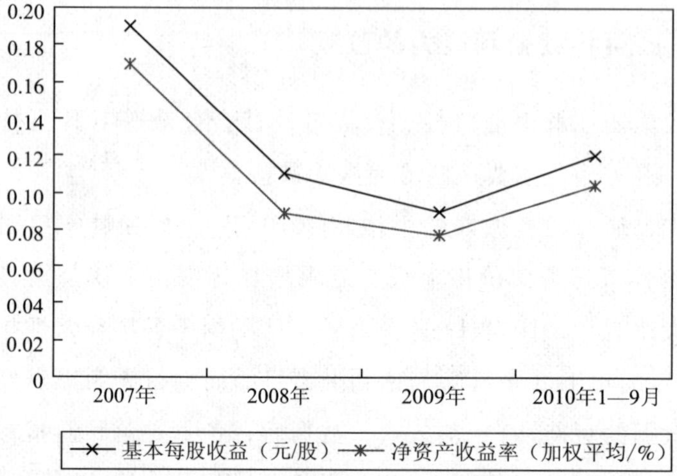

图 5－4　海胶集团第二次上市前主要经营性指标（2）

资料来源：海南天然橡胶产业集团股份有限公司．首次公开发行 A 股股票招股意向书［Z］. 2010－12－15.

其次，为使外界相信公司的未来盈利能力可以得到重大改善，海胶集团在募集资金的使用方面也做了精心调整，在第二次申请上市的招股说明书中，其募集的资金使用规划如表 5－6 所示。

表 5－6　海胶集团 2010 年 12 月招股说明书中所列募集资金使用情况

序号	项目名称	募集资金总额（万元）	所占比重（%）
1	胶园更新种植建设项目	90664	68.04
2	橡胶种苗繁育基地建设	4800	3.60
3	橡胶开割树防雨帽技术推广应用	4180	3.14
4	橡胶树气态刺激割胶新技术推广应用	3613	2.71
5	补充公司流动资金，偿还银行贷款	30000	22.51
合计		133257	100.00

资料来源：海南天然橡胶产业集团股份有限公司．首次公开发行 A 股股票招股意向书［Z］. 2010－12－15.

通过两次财务数据的对比可以发现，中间三个项目皆没有变化，而用于补充金橡公司营运资金的 15000 万元被取消，胶园的更新种植建设项目则增加了 17832 万元，总额略增 2832 万元，相当于将原先用于补充营运资金的款项调整到胶园的更新种植上来。募集资金用于胶园的更新种植原本就属于作为一个天然橡胶生产企业最主要的生产性投资项目，是其未来的可持续盈利能力得以提升的基础性条件，虽然其投资回报期漫长但也是由其企业的特性决定的，将募集资金以如此高的比例用于此处也无可厚非，相对来讲要远优于在资产负债率如此低的情况下用于补充企业的营运资金，这使募集资金的理由变得相对充分且也在一定程度上免除了上市“圈钱”的嫌疑。

（二）问题资产担保及资产管理制度完善

在解决资产独立性及资产分离方面，海南省农垦总公司做出了多项赔偿性承诺，针对影响最大的退场事件海南省农垦总公司向海胶集团出具了《关于退场问题的承诺函》，承诺：如果将来政策变化发生退场问题使海胶集团受到任何经济损失，由农垦总公司以现金补足出资并且承担海胶集团可能因此遭受的一切损失。虽然在 2010 年 3 月的招股说明书中也有此承诺，但其并未对其做进一步的解释，使此承诺变得非常含糊，并且声明：因其情况较复杂，海胶集团不能确保“退场”问题未来不再发生，从而影响到部分胶林资产的权属及公司长期发展。海南省农垦总公司和海胶集团的这一做法不但没有起到承诺的效果，反而更加增加了外界对退场问题的担忧。而在 2010 年 12 月的招股说明书中则对这一承诺如何实施做了较为详细的阐述，即如果未来万一发生退场，海胶集团需要出售相关胶林，则有关出售价格低于相关林木资产市场价格的差额部分，以及在此过程中海胶集团承担的相关费用，海南省农垦总公司应予以承担。这样一来现存的退场的情况对海胶集团设立的有效性和资本的充足性的影响将得以充分化解，对其生产经营造成的不利影响也将大大减弱。

在首次上市申请时海南省农垦总公司作价入股的林木资产中有约 10 万亩林木资产的权属证书尚未办理完毕，虽然海南省农垦总公司对此也做出了承诺，即如权属存在瑕疵或争议导致发行人无法对应办理地上林木的林权证或遭受任何损失，海南省农垦总公司将全部予以承担，但无论如何发行人对自身林木资产未取得林权证的事实在法律上仍难以通过，同时也无法获得法律的有效保护。而在 2010 年 12 月第二次上市申请时，这剩余的 10 万亩林木资产的林权证已经办理完毕，产权也完全归海胶集团所有。资产的独立性问题至此得到基本解决。

而关于人员交错及管理体制方面的问题则并非海胶集团在较短时间内就能够解决的，尤其是现代企业制度的建立，其涉及海胶集团最深层的东西，即长期以来形成的职工思想文化素质及管理理念，这需要海胶集团不断地对人才进行培养与选拔，属于一项长期而持久的工程，然而其与以上几个问题不同，它并没有一个明确的衡量指标。海胶集团虽然经过对前两个主要问题的解决达到了上市的标准且已成功上市，但其内部存在的以现代企业制度建立为代表的诸多问题仍没有得到有效的解决，其未来还有较长的路要走。不过，事情很快迎来转机，2010 年 9 月 1 日，海南省农垦总局与海南省农垦总公司正式分开，实现独立运作。海南省农垦总公司更名为“海南省农垦集团有限公司”。海南省农垦总局作为省政府直属的特设机构，在过渡期内，继续履行农垦的行政和社会管理职能，代表省政府对农垦集团有限公司履行出资人职责。海南省农垦集团有限公司作为省政府直属企业，按照现代企业制度要求，建立健全公司法人治理结构，对农垦经营性资产依法享有自主权，自主开展生产经营活动，实现资产的保值增值。

六、海胶集团进入 A 股市场后一年内的市场表现

2010 年 12 月 10 日，中国证监会发审委最终通过了海南天然橡胶产业集团股份有限公司的上市申请，海胶集团拟公开发行不超过 7.86 亿 A 股。证券简称：海南橡胶；证券代码：601118。

2011 年 12 月 29 日，海南橡胶发布公告称，公司首次公开发行 A 股网上定价发行的中签率为 1.32148260%，网上冻结资金 1959.52 亿元，加上网下冻结的有效申购资金 708.28 亿元，合计冻结资金 2667.8 亿元。按发行价 5.99 元/股计算，对应的市盈率为 87.73 倍。回拨机制实施后，网下最终发行数量为 35370 万股，占公开发行数量的 45%，网上最终发行数量为 43230 万股，占公开发行数量的 55%。海胶集团此次共募集资金 47 亿元，将用于内涵式增长项目及外延式扩张战略的实施。

2011 年 1 月 7 日，海南橡胶正式登陆 A 股市场，开始了其在资本市场的弄潮史，当天开盘价 9.53 元，较发行价上涨 60%，当天市值就超过 470 亿元。海胶集团的资源价值和公司治理，得到业界的普遍认可。海胶集团成为中国资本市场首家天然橡胶生产加工企业。

2011 年 7 月 1 日开始，海南橡胶还同时成功入选了上证 180、上证 50、沪深 300、中证 100 四大指数。分析人士指出，目前能够同时

进入四大指数的上市公司共计47家，而且大多是央企或大银行，作为一支农业类股票，海南橡胶能够在上市半年就代表海南上市公司入选，非常不容易，也创造了海南资本市场的又一项纪录。

案例结语

海南橡胶（601118）上市，是在海南农垦改革的背景下，按国务院确定的政企分开、社企分离、建立现代企业制度的目标要求，在资本市场开辟的第一块根据地，是海南农垦管理体制改革的突破口和制高点，将引领海南农垦事业又好又快地前行。

海胶集团已成为海南农垦建立现代企业制度的重要标志。与此同时，海南省农垦集团有限公司形成了天然橡胶、热带现代农业、旅游地产和金融服务竞相发展的格局。实际上，全国国有农场占据我国国土面积的1%，自然资源非常丰富，且具有组织化程度高、规模化、标准化的优势。但是目前国内多数国有农场都面临着政企不分、社会负担沉重的发展困境，无力谋求更大的发展。一旦通过制度创新，把政府的还给政府，把社会的还给社会，那么轻装上阵的国有农场系统必将成为我国现代化农业的先行者。

三亚千古情“文化+旅游”模式

采编/撰写：高　健　支晓辉　郭松燕　等

三亚千古情旅游区是宋城演艺总投资10亿元打造的文化旅游项目，集演艺、文化、体验为一体。本案例呈现三亚千古情的运营模式，在延续了宋城旅游区总体的“主题公园+大型演出”营运模式的基础上，结合三亚本土文化以及多元化的表现方式，成功地将休闲娱乐与文化体验融于一体，开启了三亚文化演艺市场的新篇章。从事文化演艺的企业不在少数，即使在海南这片小市场也有海口印象海南岛、三亚美丽之冠等，三亚千古情的成功，不仅是因其出色的市场定位、敏锐的市场洞察力，更根源于其对本土文化内涵的挖掘能力。

一、引言

"给我一天，还你千年"，这一振奋人心的广告语，曾经被哈佛大学列为经典广告语，是宋城集团灵魂人物黄巧灵在杭州宋城景区开业之初提出来的。简简单单八个字，通过让游客体会浓缩的悠久历史文化，完成"时空穿越之旅"，感受恍如隔世的强烈冲击，同时也体现出公司全体员工对游客"滴水之恩当涌泉相报"的经营理念。

宋城集团旗下的三亚千古情景区（以下简称"三亚千古情"），也正是秉承这一理念，给到三亚的游客营造出"一步梦回千年"的真切体验；《三亚千古情》通过接地气的文化演艺，以紧扣三亚的历史文化为灵魂，让游客感受到一场极度震撼的"视觉盛宴"。三亚千古情景区以建筑为形、文化为魂，把文化与旅游两大产业紧密融合在一起，使两者有机融合，实现优势互补、产业互动；并以《三亚千古情》为引擎，通过"主题公园 + 旅游文化演出"模式，始终坚持为旅游注入文化之魂，赢得目标游客市场，并获得了业内外的一致肯定。

二、宋城"千古情"落地三亚

三亚是中国唯一的热带滨海旅游城市，素有"东方夏威夷"的美誉；宋城集团是中国最大的民营旅游投资集团，成功地打造了“宋城”“千古情”两大文化品牌，创造了全国“文化演艺收入第一、利润第一、观众人数第一、场次第一”等一系列奇迹。当“唯一”碰上“第一”，当“旅游”碰上“演艺”，一朵名为“三亚千古情”的奇葩就此盛开在美丽天涯。

（一）宋城集团的前世今生

宋城集团成立于1994年，总部设于浙江省杭州市。宋城集团旗下的宋城股份是中国文化演艺第一股，连续四届被国家评为“中国文化企业三十强”。集团总资产400多亿元，主营业务为文化演艺、旅游景区、主题酒店、休闲地产等，经过不懈的努力，已经确立了“宋城”“千古情”等中国著名品牌的地位。

早在1996年，宋城集团就因成功打造杭州宋城旅游区而名声大噪；到2012年，杭州一台名为《宋城千古情》的演出节目，仅用74亩土地就创造了3.12亿元毛利润、1.12亿元税收的业绩，成为世界上单位产值最高的文化演艺项目。但是，宋城集团不再满足仅仅局限于杭州，陆续与国内多个一流旅游目的地进行密集接洽：丽江千古情、九寨沟千古情纷纷开始动工、投入运营。作为宋城异地开拓的第一站——三亚千古情已经成为宋城运营项目的全新代言人。选择三亚，除了因为三亚是中国唯一的热带旅游区、旅游目的地，还有一个重要因素就是宋城集团的灵魂人物黄巧灵与三亚多年前结下的不解情缘。

《三亚千古情》对文化的完美诠释，与黄巧灵本人对于艺术的热情与追求有着千丝万缕的联系。黄巧灵是千古情系列演艺作品总导演、总策划、艺术总监，曾师从北大乐黛云教授从事《红楼梦》等文艺理论研究。1994 年，他在浙江省杭州市成立了中国最大的文化旅游集团之一的宋城集团，致力打造大型文化旅游综合体。宋城集团对其创造的演艺定位高远，广告语更是一鸣惊人：“给我一天，还你千年”。这条经典广告语曾被业内机构评估市场价值达 5000 万元。

（二）三亚千古情的卓越业绩

对于宋城集团第一次异地开拓的市场，自筹备开始，三亚千古情这一项目就得到了海南省委、省政府和三亚市委、市政府的高度重视，被列为海南省重点文化产业项目。

“人不能两次踏进同一条河流”，旅游演艺市场本身有自己不可逾越的规则，在一个地方的成功，并不代表在别的地方也能成功，但三亚千古情在“以先进休闲理念，引领文化发展潮流”的创新核心基础上，围绕文化精髓，以“主题公园 + 旅游文化演艺”为主营模式，保持创作和设计的独特性，构建出了成熟的营销网络。

整个旅游区位于三亚市中心迎宾大道 333 号，总投资 10 亿元，占地面积约 300 亩，目前仅开发了 80 亩。旅游区有三亚千古情景区、大象谷野生动物园、冰雪世界、水上公园等四大主题公园，以及三亚云曼酒店、第一世界公馆等项目。目前仅三亚千古情景区建成并投入营业，正在实施的二期工程有针对儿童的“烂苹果”儿童乐园，以及针对年轻人设计的水上公园等；另外，后续的规划项目（如云曼酒店等）也将陆续建成，全部项目计划于 2017 年竣工。自 2013 年 9 月 25 日公演以来，《三亚千古情》深受游客欢迎，文化演艺场场爆满。《三亚千古情》是海南至今规模最大、演出设备最豪华的室内立体全景秀，以崭新的舞台设计打破了传统舞台空间和视觉界限。60 分钟的演出，让观众享受突破生理极限的视觉、听觉震撼，创造出令人目眩神迷的演出效果。此外，宋城集团还花费巨资打造了世界最大的预演厅——三亚千古情景区，让游客在看演出前充分感受万年的文化氛围。开园之初（9月、10月、11月），每天大型演出安排为一场，后来随着游客的不断增加改为两场。春节期间更为火爆，景点加演为每天三场，即使这样，每场演出，4000个座位（原本4700个座位，为了使观众便于观看，临时选择减少700个座位）的演出大厅上座率也达到90%以上。即便是在5—10月的三亚旅游淡季，演艺上座率依然保持在90%左右，这一点连宋城团队和三亚园区管理者也始料未及。

表6-1 三亚千古情景区演艺秀节目单

<table>
<tr><th>节目名称</th><th>演出地点</th><th>演出时间</th></tr>
<tr><td>威风锣鼓</td><td>爱情广场</td><td>15：20—15：25</td></tr>
<tr><td>木鼓狂欢</td><td>爱情广场</td><td>15：30—15：40</td></tr>
<tr><td>原生态走街</td><td>爱情街</td><td>15：40—15：50</td></tr>
<tr><td>上刀山下火海</td><td>苗寨</td><td>15：50—16：00</td></tr>
<tr><td>古今人物大穿越</td><td>衙前街</td><td>15：45—16：00</td></tr>
<tr><td>快闪</td><td>衙前街</td><td>16：00—16：10</td></tr>
<tr><td>抛彩球招婿</td><td>泼水广场</td><td>16：15—16：25</td></tr>
<tr><td>婚礼巡游</td><td>泼水广场</td><td>16：25—16：35</td></tr>
<tr><td>三亚千古情</td><td>三亚千古情大剧院</td><td>17：00—18：00</td></tr>
<tr><td>古今人物大穿越</td><td>衙前街</td><td>18：30—19：20</td></tr>
<tr><td>木鼓狂欢</td><td>爱情广场</td><td>18：30—18：40</td></tr>
<tr><td>原生态走街</td><td>爱情街</td><td>18：40—18：50</td></tr>
<tr><td>燃烧吧蔬菜</td><td>泼水广场</td><td>18：30—18：40</td></tr>
<tr><td>酒鬼闹街</td><td rowspan="3">衙前街</td><td rowspan="3">18：50—19：10</td></tr>
<tr><td>原始狩猎舞</td></tr>
<tr><td>快闪</td></tr>
<tr><td>锅庄狂欢</td><td>泼水广场</td><td>19：15—19：25</td></tr>
</table>

续表

节目名称	演出地点	演出时间
三亚千古情	三亚千古情大剧院	20：00—21：00
上刀山下火海	苗寨	21：10—21：20

注：《三亚千古情》的演出场次时间分别为：17：00—18：00、20：00—21：00（节假日会根据实际情况增加演出场次）。

资料来源：根据调研资料整理而成。

三、"走近"三亚千古情——三亚旅游市场新标杆

旅游是海南的"金字招牌"，这道"招牌菜"做得好不好，关乎海南岛的整体形象和整体发展战略。三亚是海南打造国际旅游岛的前沿阵地和建设标杆，拥有得天独厚的气候生态、地理位置优势。无疑，二亚旅游是海南省旅游的"龙头"，三亚旅游业的发展水平，某种意义上就代表了海南省的旅游业水平。但三亚旅游除了自然风光之外，一直以来缺少文化氛围。而三亚千古情项目成功地将自然资源、独特气候、区位优势等与三亚历史、人文等元素有机融合，打造出主题鲜明、体验独特的旅游演艺节目。

（一）为旅游注入文化之魂

美丽的风景等自然资源可以让一座城市发展旅游业，但只能引来新游客，却难以留住老游客。发展旅游业离不开自然资源和人文资源两大基本要素，旅游和文化是可以很好结合的，旅游是实现文化寓教于乐功能的良好载体，是对文化的挖掘、提炼和发扬，而历史文化是一座城的灵魂，是旅游的内容和深层次的表述，最能引起人们的共鸣，文化概念的宽泛性，也使得它成为塑造城市整体形象、

打响区域品牌的有力工具，另外，旅游演艺应当是城市最亮丽的风景之一，一台具有标志性和影响力的演艺节目对于当地旅游市场和知名度提升的带动作用是巨大的。巴黎红磨坊夜总会，美国拉斯维加斯O秀，纽约的百老汇，伦敦皮克迪利广场，夏威夷的民俗风情等，将当地文化通过大型歌舞演艺表现得淋漓尽致，形成各地的文化标志，也成为久负盛名的旅游吸引物。

三亚是中国乃至世界重要的旅游目的地城市，随着三亚旅游近十年来的高速发展，海洋旅游、低空旅游和海滨旅游不断完善，白日游三亚亮点缤纷，然而夜幕降临时，游客也就只能吃海鲜，睡大觉了。粗放、简单的夜游产品显然已经是三亚旅游的一块短板。有识之士曾叹息：三亚这位美女美则美矣，却美得有些呆板，期待着有人为她重塑灵魂与内涵；而三亚的文化就如深埋在海南热土里的一坛陈年老酒，等待着巧匠挖土刨出，妙手调制，让这坛美酒重新散发出迷人的醇香。事实上，近年来，三亚市在培育、开发旅游演艺市场方面也进行过不少努力和尝试：从2007年10月耗资1800多万元在亚龙湾环球城大剧院上演的人体彩绘“鸟剧”《火凤凰》，到2008年1月耗资5000多万元在美丽之冠上演超级美秀《浪漫天涯》，再到2011年9月海棠万达大剧院的《海棠·秀》，几乎都因文化气息弱，没有体现三亚旅游的文化内涵，对海南传统文化的挖掘表面化，最终收益和持续性不尽如人意，以“多国美女联袂出演”“拉斯维加斯大型歌舞”等概念打造的演艺节目似乎也没能和三亚融为一体。

三亚千古情景区瞄准了这块市场，力求丰富游客的夜游生活，大型实景演出设在下午和晚上，很好地迎合了游客的时间，让广大游客在白天感受海南的自然风景之后，再度过愉悦而富有意义的晚间休闲时光，从而改写了海南夜生活的传统定义，打破了长久以来的“白天看海、晚上睡觉”的尴尬局面。

三亚千古情为旅游注入文化，将文化和旅游紧密联系在一起，使两者有机融合，向游客传递整个城市的历史文脉。有文化就有市场，成功的市场定位，不仅给了三亚千古情大展拳脚的广阔舞台，同时也填补了三亚夜游生活的空白，成功地体现了企业价值所在。

（二）三亚千古情的“混搭风”

旅游的背后是文化，与其他旅游景点不同之处在于：三亚千古情是以演艺为主导，结合演艺做景区。在三亚千古情景区内，游客通过游览、体验，对三亚文化有了初步的印象，再进入剧院观看360°全方位呈现的《三亚千古情》，从而使三亚文化在游客心中不断发酵，在游客心中留下深刻印象。三亚千古情景点的魅力在于其独特的建筑风格、逼真的实景演艺、震撼的舞美设计，更在于把这一切与文化融为一体而又毫无违和的表现力。

首先，三亚千古情景区的主题公园再现了千百年前的天涯市井盛况。崖州府衙、大云寺、月老庙、财神殿、妈祖庙等精致古朴的建筑点缀其中；市井街上制陶、黎族织锦、黎族文身、皮影戏、糖画等非物质文化遗产和老工匠的市井展示让人一饱眼福。除了展示，互动体验是景区的一大特色。身穿古装的小贩或波斯商人会冷不防地凑上前逗乐吆喝；扮演古代官兵的演员会沿街巡查维护治安；游客还能体验“打糖糕”等特色小吃的制作工艺、参与景区古代鼓乐队的演奏表演……踏入古城，仿佛回到千年前，时而穿插其中的街舞“快闪”，真人雕塑等现代艺术表现形式，则更增添了穿越之感。

其次，《三亚千古情》的震撼演出着实配得上“一生必看的演出”的广告语，演出十分注重将其表演节目的文化内涵以一种体验式电影的方式向观众讲述。《一沙一世界》的开场，采用沙漏、沙画，向观众传递这沙河“千古历史”的概念；《落笔洞》展现的是一万年前祖国最南端人类生存的印迹，是现代人对远古文化的追忆和寻根，是对中华文明的致敬；《冼夫人》壮怀激烈，重现冼夫人征服百越各部的激烈战斗场面，是维护祖国统一、忠心报国的典范，展现的是一种大爱无疆；《鉴真东渡》震撼再现佛法之路的艰辛与坎坷，是文化交流，跨越国界种族的情谊，是三亚精神的象征；《海上丝路》艳丽明快，八月十五各国商人在三亚相聚，进行文化交流；《鹿回头》浪漫唯美，从空灵的仙境到茂密的热带雨林，体现的是美丽三亚的浪漫爱情故事；《美丽三亚》用比基尼美女、摩托艇、空中水秀等，展现浪漫天涯的时尚。

另外，黄巧灵一直在思考，如何将这些节目更好地展现给游客，给游客以视觉与心灵上的双重体验。因此，除了注重演艺表演的节目内容，《三亚千古情》在舞台设施上也迎合市场需求而不断加大投入，力求给观众们带来一场视觉上的盛宴。因此，在表演中，我们可以看到，舞台上的高科技元素随处可见，让人有身临其境的感受。这也是《三亚千古情》成功的“混搭风”的特色之一，传统文化与高科技的完美结合，既有着缅怀过去，又有着展望未来的情怀。

如果说《三亚千古情》是三亚的文化灵魂，那么三亚千古情景区就是托举起这个灵魂的躯体，是三亚文化的根脉，它将失落在三亚历史长河中的文化碎片黏合在一起，用建筑、景观的形式物化地展现出来，与《三亚千古情》演出相辅相成。三亚其他景点的演艺节目未能成功，除了没与本土文化相互融合外，也是没能给游客一个调整、缓冲的过程，为了在演出前营造氛围，三亚千古情秉承着“建筑为形，文化为魂”的宗旨，在景区融入三亚文化元素，让游客在观看演出前充分体验三亚文化、历史、民情、风俗，提升景区文化品位，宋城集团巨资打造三亚千古情景区，让景区与《三亚千古情》演出浑然一体（如图 6 – 1 所示）。

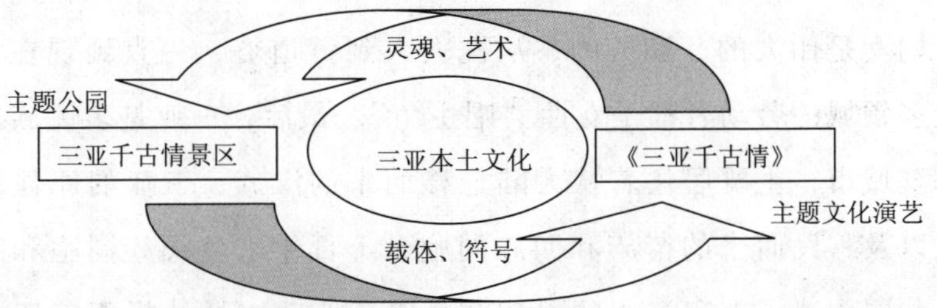

图 6 – 1　以文化为精髓的“主题公园 + 主题文化演艺”模式

资料来源：根据调研资料整理而成。

四、“走进”三亚千古情——文化为魂的理念贯穿始末

对于文化这种虚无缥缈的东西，三亚千古情却可以让游客从迈入景区的那一刻开始就犹如在享受一场文化盛宴，它是如何做到这一点的呢？这都要归功于其独特的文化展现形式。三亚千古情一开始就坚持“建筑为形，文化为魂”的宗旨，始终把它融入旅游当中，特别是三亚悠久的文化。

（一）历史文化是选址三亚的重要条件

“千古情”系列能够落地三亚，重要原因之一是满足了宋城集团选址的首要要求，即拥有丰富的本土文化。三亚在古代属于南蛮之地，对其历史文化的探索甚少，一直被误认为没有什么文化可挖掘，甚至有人称之为“文化沙漠”。黄巧灵则认为，三亚不是没有文化，而是一座蕴含文化的金矿。首先三亚有着悠久的历史，比如，在离三亚千古情大剧院不远的荔枝沟镇，存在中国十大考古发现之一——“落笔洞”遗址，证实在一万年前就有人类在三亚生活。其次，三亚妇女是伟大的、勤劳的，从冼夫人到黄道婆，一直到现在，三亚很多领域的劳动者都是女性“唱主角”。最后，三亚是多民族聚居的海滨城市，主要居住着从大陆迁移而来的汉族、三亚的原住居民黎族以及移民而来的苗族和回族同胞，千百年来各民族同胞和睦相处，共同创造了丰富多彩的民俗文化。三亚千古情植根于三亚的土壤，展现黎苗民俗文化。虽然很多历史、民俗文化是零散的，甚至只是口口相传的民间传说，如“鹿回头”的故事。但是，这些流传民间的传奇故事、传统文化如同散落的珍珠，等待发掘、整理和演绎。

更重要的是，一台叫座的演出、一处被称赞的布景、一个绝佳的创意思路，都不是凭空想象出来的，必须要了解真实的生活，了解历史和风土人情至关重要。三亚千古情能够深受欢迎，正源于深入生活的艺术探索，源于对本土文化、对人文历史孜孜不倦的追求。从三亚千古情项目确定，到 2009 年开始采风，将近四年的时间里，黄巧灵带领创作团队走遍了三亚的山山水水，读遍了三亚万年的历史，访遍了各个黎村苗寨和荒郊野岭，挖掘扎根于三亚长达一万年的历史土壤，将三亚的历史文化、民间文化、民族文化、海洋文化和时尚文化等人文资源很好地融合在了一起。

（二）沙海淘金的艺术创作

海南很多导游都会事先提醒游客在看文艺演出时，必须准备四件宝贝——餐巾纸、救心丸、雨伞、救生衣，以备不时之需。为了给游客呈现“极度震撼、视觉盛宴”的效果，三亚千古情拥有一支宋城集团多年来组建的了不起的创作团队。

三亚千古情的创意来源于不同观点的碰撞与头脑风暴，来源于超越自我不断的否定之否定，在真理面前，没有领导没有上下级。曾经为了《三亚千古情》中一个舞美背景，编创组面红耳赤争论了四五个小时，最后却被剧院的一个引座员的观点说得心服口服。再如对《三亚千古情》开场的表现形式，最初总策划张娴提出用“海”的概念来做热场，可是考虑到《九寨沟千古情》的热场已经用了“水”的概念，为了避免在视觉效果、舞台呈现手段上出现重复，经过多轮激烈的讨论，韩立勋最后极具创意地提出用“沙”来做介质，得到一致同意。“沙”即符合三亚的海洋特色，又能够展现出《三亚千古情》“沙海淘金”艰辛的创作历程，生命永恒存在，沙子就是生命亘古不老的原始见证，是时间、情感、生命的记录，这又能与“千古情”恰如其分地联系在一起。

观看过《三亚千古情》演出的观众会发现演员们频频变装，令人眼花缭乱。整个节目的服装样式变化超过了100种，全剧服装套数共约800套，这些作品全部来自凌鸿等国际著名设计大师之手。创作之初，团队在三亚实地考察时，凌鸿也在其中，在走访和参阅书籍史料后，她为这些服装保留了本土、原始的元素，例如，不少地方所体现的黎锦、羽毛、树叶等。从设计图纸、导演审核、初出实物、再审核、打版，到最终的生产，即使只是一件衣服，也要单独完成整套流程。演员服装的材质、色彩、裁剪，以及演员的头饰，甚至是每个演员的挂件配饰都经过创作组的精心探讨，都尽可能地与三亚当地的历史文化元素相匹配。

舞台演出是一门综合艺术，编、导、演、服、化、音、美，缺一不可，为了创作《三亚千古情》的音乐，音乐制作者曾思佳多次随黄巧灵总导演带领的采风组深入海南各地，在田间地头，随听随记，在黎村苗寨，边走边唱，原汁原味才是中国好声音。黎歌、八音、崖州民歌、五指山调……《三亚千古情》音乐包罗万象又自成一体，谱写了穿越千古的三亚情缘。

（三）《三亚千古情》演艺接地气

三亚从来不缺乏游客的青睐，但身在三亚的游客却很少对这座小城的历史文化有全面的认知。“三亚没有一台文化大餐”——不少旅游业内人士都存在这样的遗憾。由于精品文化项目的缺乏，三亚的旅游一直摆脱不了“白天看海，晚上睡觉”的尴尬局面。《三亚千古情》弥补了这一空缺，是迄今为止唯一一台为三亚本土文化量身打造的、真正演出给三亚市民和游客观看的民俗风情大片。如今其不仅是一场演出，而且已成为三亚的一个文化符号，既是发扬本土文化的精品，创造出全新的旅游产品，又是对三亚的悠久历史、灿烂文化的生动注解。

《三亚千古情》始终扎根于三亚长达一万年的历史土壤，所有演出节目都是以三亚的历史典故、神话传说为基点而编排的，《三亚千古情》之所以如此成功就在于其接地气。

首先，《三亚千古情》定位准确。《三亚千古情》的艺术演艺既不是为拿奖，也不是应时应景之作，而是真正定位于民间艺术、从民间视觉出发、面向市场游客的旅游演出，展现的完全是地方文化和地方特色。游客初到一个陌生的地方，需要对旅游目的地的人文历史有所了解，对于该城市有所解读。但是，只是满足游客显然也是不够的，不能持久的；文化演艺的更大消费群体还是周围居民。《三亚千古情》恰好做到了雅俗共赏，本地居民和外地游客“通吃”。

其次，《三亚千古情》是时代的，为了积极应对市场对文化产品的心理需求，其演艺表演一直在反复打磨思考变化中，追求与时俱进，充分满足现代审美需要。为了迎合市场需求的不断变化，《三亚千古情》节目的修改以及完善速度非常快，这一点得益于节目的灵魂设计者即为黄巧灵本人，他会结合反馈信息根据市场需求马上做出有针对性的改变。例如实景演绎节目顺序，在景区营业之初，第一幕为《鹿回头》的爱情故事，后来观众根据历史建议将《冼夫人》放在第一幕，景区及时做出反馈，现已将《冼夫人》节目调整至第一位。除此以外演绎节目有每月一小动、每年一大动之说，即每年将会根据各市场需求，在加深对本地文化挖掘的基础上进行适当的调整，力求展现形式多彩多样。

最后，《三亚千古情》整个剧目都特别注重对“情”的把握，全剧紧紧围绕着“情”借题发挥，有悲欢离合、有国仇家恨、有爱意缠绵、有淡淡的人文思考。编创团队围绕“情”字，把三亚万年的历史、万年的“情”，通过舞台艺术的手段立体展现给观众，坚持“三分钟一个小高潮，五分钟一个大高潮”。《三亚千古情》对“情”的表现，不再局限于传统舞台中演员的一颦一笑，而是表现为感官上的美，具有全局概念的立体画面美，以及心灵的震撼，懂得取悦观众，让观众身临其境，从中真切感受到一个地方的文化情怀。

（四）三亚本土文化遍布景区各个角落

在设计景区时，黄巧灵通过独特的造园手法，整个景区的设计以突出当地文化的特色为核心，文化气息融入整个景区的每一个角落，让游客从步进园区伊始，就能感受到浓郁的文化氛围。从建筑风格到园区的设计再到路边别具匠心的三角梅点缀，无不渗透着三亚的历史文化的沉淀。景区大门的设计以冼夫人骑着大象完成岭南统一的传说为创作元素，用群象驼着凤凰来展示冼夫人的美和力量，更重要的是体现了三亚甚至海南千千万万个女性的伟大，与景区入口处虚拟的南海女神像相得益彰，是海南标识性女性的典范形象。

在海南地区，黎苗少数民族历史源远流长，其少数民族风俗同样也能深深地吸引游客。景区负责人正是意识到了这一点，在景区各个细节中巧妙地融入了独特的少数民族特色，景区门口的接待员也是一道亮丽的风景线，身着黎族服装，在离游客三米远的距离便面带微笑，让你倍感亲切。同时，购票处服务人员特色的苗族头饰，也在时刻提醒着游客景区内的少数民族风情。

走进三亚千古情景区，黎苗风情更是扑面而来，景区从设计之初便希望游客能在花山椰林里，充分领略到原汁原味的三亚民族风情。景区每一个景观点都充分挖掘当地文化元素、民族特色，并加以提升，景区的各种细节与景观令人叹奇，景区的“黎村”是在原始黎村的基础上修复而成的。游客在游玩时被热情的黎族少女邀请参与欢快的打柴舞，品一杯离家的山兰酒，尽情地感受黎族文化。作为海南岛四大州城之一，景区内用高科技与民俗手段向游客重现了一个繁荣富庶的崖州古城，城内有由大户人家改造而成的小吃广场，市井街堪称三亚最大的非物质文化遗产集聚地，街上的黎族人家、苗族人家、回族人家、昼族人主题作坊，把展示、售卖和体验、休闲融于一体。

此外景区内在特定节日，如新春狂欢节、锅庄狂欢节、火把节、黎族三月三、泼水节、冰雪节举办民俗节庆活动，深受游客喜爱。

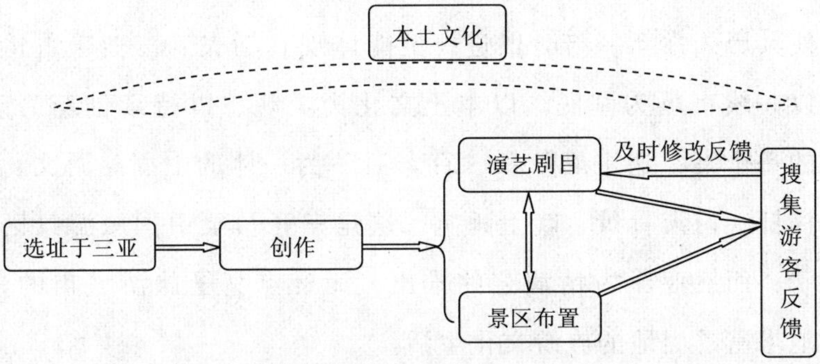

图6-2 “文化为魂”的理念贯穿始末

资料来源：根据调研资料整理而成。

五、三亚千古情的经验

近年来，游客普遍给三亚点赞，三亚千古情所做的贡献不可小觑，甚至有人将三亚千古情称为海南的“文化航母”。说三亚千古情的成功是必然的，因为它抓住了旅游市场上的竞争内核，坚信有文化就有市场，在整个景区和演艺中融合了三亚文化。

三亚千古情之所以如此成功，可以说是真正抓住了文化内核软实力。其培养出了自己的舞美、服装、道具、编导、营销等专业团队，打造了一支具有较高创作和设计水平的专业队伍，拥有专业的设计团队；无论是在三亚千古情景区，还是《三亚千古情》文化演艺，设计和规划等均由公司内部的创作团队完成，因此具有较强的自主创新能力。

拥有一支以灵魂人物黄巧灵董事长为核心的具有丰富的创作和设计水平的专业自主创作团队固然重要，但是要做到在旅游文化演艺和主题公园的创作过程中，深刻挖掘当地历史文化，凸显城市文化特色，并根据行业和市场的变化不断融入自身灵感和原创性的内容，使其历久弥新、与时俱进，更能体现真功夫。三亚千古情的成功是以一线市场为基底、以本土文化为灵魂、以持续创新为动力，打造的一个集“迪士尼”和“百老汇”为一体的中国旅游文化演艺娱乐标杆。白天看景、晚上睡觉，这是三亚乃至中国旅游景区的普遍现状；而三亚千古情演艺的推出，无疑点亮了旅游城市的夜晚，极大地丰富了当地的旅游文化生活。

单就模式而言，三亚千古情的成功绝不仅仅来自对于“主题公园+旅游文化演艺”这一商业模式的成功运用，更重要的是其赋予此模式的文化内涵。能让客户打开钱包的是千古情的文化内涵。当前21世纪海上丝绸之路战略的实施，对三亚旅游业的发展而言是一个新机遇，丝绸之路的建设将为三亚带来更多的国内外游客，对其旅游服务业也将提出更严格的的需求。三亚及整个海南省的旅游业应在抓住历史新机遇，模仿“主题公园+旅游文化演艺”模式的基础上，融入自身的特色，让游客耳目一新、流连忘返，而不是千篇一律，枯燥无味。毫无疑问，简单的商业模式可以模仿却没有价值，真正的价值在于三亚千古情对文化的挖掘能力以及独特的展现形式，这一点才是其他景点真正要学习借鉴的真谛。

案例结语

正是因为宋城集团所坚持的“主题公园+旅游文化演艺”这一商业模式基础，秉持以市场为导向原则，同时紧扣三亚悠久历史文化的核心，结合具有“沙海淘金”精神的创作团队，才使得三亚千古情在开园不满两年的时间里，便得到游客、业界的一致好评。

显然，三亚千古情并不是宋城集团的最后一站。“人不能两次踏入同一条河流”，但只要抓住有文化就有市场、有文化就有创意、以文化为魂的核心，很多城市都可以做千古情的题材，如今丽江千古情、九寨沟石林千古情陆续动工，武夷山、泰山等千古情项目也已纷纷进入落地阶段，多个“千古情”系列产品即将全面上线。宋城集团进军北京、上海的战略规划也在紧锣密鼓地付诸实施。也许将来，宋城集团甚至会在海外布点，立足于全球旅游文化演艺的格局，这将是一项“文化输出”的伟大事业。祝愿三亚千古情能够成为海南的一张名片，宋城演艺能够成为中国文化输出的标杆。

基于价值网络构建的槟榔谷模式

采编/撰写：高　健　王慧乔　等

甘什岭槟榔谷原生态黎苗景区是海南土生土长的文化旅游景区，在短短的十多年时间里，由一个起初占地仅仅几十亩、名不见经传的普通黎族村寨，迅速发展成为国家4A级优秀旅游景区，其成长路径和发展模式值得研究。本案例试图呈现甘什岭槟榔谷原生态黎苗景区在探寻如何通过将竞争转化为合作互赢关系，打造自身价值网络时，形成独有的商业模式，实现企业商业化运营模式与农村发展目标的和谐共生。这无疑也是社会主义新农村模式探索和美丽乡村建设的实践典范。

一、引言

“白云苍狗多翻覆，沧海桑田几变更。”时光荏苒，世事几多变迁。有多少人和事在历史的打磨中烟消云散，再不见踪迹。尤其是近些年，随着中国经济快速发展，日渐陷入都市快节奏生活的现代人，慢慢忽略了对民族文化、民俗元素的传承。地处南疆的海南也曾经有过悠久的历史，海南岛黎苗人民也曾创造过富有特色的民族文化。然而，眼见着海南一天比一天更加现代化，成为与巴厘岛、夏威夷岛、普吉岛相类似的现代度假天堂，华丽的现代化包装却让三千多年的琼崖文化被缠裹得几近窒息，海南黎苗民俗文化也日渐没落。

作为一个长期以来一直坚守以“挖掘、保护、传承和弘扬海南黎苗文化，使其生生不息”为企业使命的旅游景点，甘什岭槟榔谷原生态黎苗文化旅游区相较于海南其他旅游景点而言，其最大特色就是对海南本土民俗文化的展现和传承。槟榔谷最初只是一个占地仅仅几十亩、名不见经传的普通黎族村寨。从 2003 年开始，由槟榔谷现任领导班子重新规划、扩建。短短的十多年时间，槟榔谷已经成长为硬软件设施齐全、景色秀丽多姿、民族味道醇正、娱乐项目富有特色、服务质量上乘，年总客流量近百万人次（其中外国游客客流量超过 5 万人次）的国家 4A 级优秀旅游景区。

探究槟榔谷成长的背后推动因素不难发现，该企业将自身嵌入本土的商业生态系统中，构建一套基于利益相关者交易结构的商业模式，并将社会责任融入企业运营的始终，在企业发展壮大过程中起着关键作用。在这一过程中，槟榔谷逐渐形成一个以自身为中心的价值网络。也正是在这样的一个价值网络中，企业不仅实现了自身的商业价值，也带动了周边经济，改善了当地居民的生活水平。本章意在探寻槟榔谷如何通过将竞争转化为合作互赢关系，打造自身价值网络，形成独有的商业模式，最终有效地调和了企业追求利润与承担社会责任之间的天然矛盾。试图呈现槟榔谷在探寻如何通过将竞争转化为合作互赢关系，打造企业发展的价值网络时，形成的独有的商业模式，最终实现企业商业化运营模式与农村发展目标的和谐共生。

二、槟榔谷的企业价值网络

槟榔谷的企业价值网络形成着重强调了两个方面的内容：其一是形成了以利益相关者为重心的价值网络，这其中的利益相关者代表了企业的资源禀赋，包括内部的和外部的两个方面；其二是提倡竞争和合作的双重性，竞争体现了企业间的价值分配关系，而合作则更偏向于价值的创造与共享。

槟榔谷不仅将消费者、竞争者、当地政府当成其利益相关者，其价值网络中最突出的部分便是将以当地黎苗人民为主的低收入群体（以下称为“BOP 群体”，是指位于经济金字塔底层的低收入人群）——当地生活贫困的原著居民，纳入了企业的利益相关者之列，形成独特的商业模式。伴随着城乡居民收入差距不断增大和物价水平居高不下，金字塔底层的低收入群体面临越来越大的生活压力，然而他们的需求和资源能力却极少得到企业的理解与重视。从海南省的人均收入分布情况来看，BOP 群体在海南也占据了很大的比例。海南省 BOP 群体的形成一部分有其自身的原因，另一部分也与海南岛经济发展方式有着紧密联系。

（一）当地 BOP 群体

大自然对海南是慷慨的，赋予了海南优美的自然风光、丰富的自然资源。绮丽的海景、浪漫的海滩、唯美的海上落日、宜人的温泉、灿烂的阳光、独具特色的椰树、温暖如春的冬季，这些大自然的馈赠使得海南作为一个旅游岛屿而广受游客追捧。然而，旖旎风光的背后，却存在着诸多不容忽视、令人深思的问题。海南岛由于其特殊的地理位置，使其与大陆分隔，免受重工业污染才得以保存其干净、浪漫的椰海风情。也正因如此，使得海南经济相对落后、现代化发展进程相对缓慢。目前来看，包括大部分黎苗少数民族在内的 BOP 群体，占据了海南本土人口很大的比例。在这样的局面下，海南省本土企业所能利用的人力资源，也自然多集中于社会低收入群体。

大量 BOP 资源的存在，意味着巨大的、未来可开发的商业价值。但是，因为 BOP 群体集聚的地区往往基础设施建设较为滞后，民众受教育程度较低，社会生产效率相对低下，传统的民间习俗等非正式制度较为盛行，这些都在实质上构成了本地经济发展和企业成长的限制条件。如何充分利用现有资源、克服限制条件，是海南本土企业成长、发展的关键。槟榔谷很清醒地认识到这一点，并以传承海南本土黎苗文化、挖掘 BOP 群体资源作为企业核心竞争力的来源，成功地将当地人力资源劣势，转变为企业发展的内部禀赋优势。

来自BOP群体的人力资源与接受过高等教育拥有高素质的人力资源相比，差距显而易见。然而，槟榔谷将当地的BOP群体纳入企业价值网络之中，并努力将其培养提升成为优质人力资源，为企业发展所用，这也是槟榔谷的企业使命所在。槟榔谷看上去是在做旅游服务业，实质上向消费者传递的是海南几千年的民俗文化，亦即槟榔谷同时也在进行着文化产业的运营。文化在传播与流传的过程中，最重要的中介便是人，而海南的本土居民正是企业所寻找与需要的重要资源禀赋。再加上当地BOP群体所独有的属性与企业发展的要求相契合，这也在一定程度上使得BOP群体可以发展成为企业需要的优质人力资源。

槟榔谷景区将企业工作岗位分为管理决策、营销、专业知识、行政辅助、运营服务、特招岗六类。从总体上来看，如果要对槟榔谷景区来自当地BOP群体的员工进行分类，可以分为三大类："基本技能"要求型，"知识、技术技能"要求型和"活化石"型（见图7-1）。

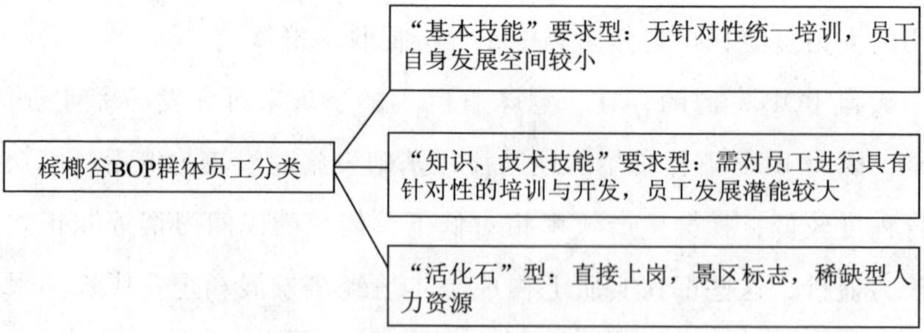

图7-1　槟榔谷基础员工的类型划分

资料来源：根据调研资料整理而成。

图7-1中的三类员工，分别体现出了BOP群体不同的特质。

1. “基本技能”要求型

这类员工在当地BOP群体中占据了绝大部分。海南作为一个以农业经济发展为主的省份，男耕女织的生活过了多少年，海南人无拘无束、自由洒脱的日子就过了多少年。经济的落后，教育水平得不到发展，自由惬意的海岛生活使得大部分海南本土居民专业职业素养较低，而景区对这类员工的职业技能要求也比较低。这一类型的员工虽然不是企业发展的主力军，但是对于企业的日常运营也起着甚为关键的作用。

景区不仅对于这类员工的职业技能要求不高，分配在这一类型员工身上的人力资源培训费用也相应较低。基本上实行无差别无针对性统一培训，员工只要能做到善守岗位这一基本要求即可。相应地，这类员工在企业中的发展空间也较小。槟榔谷雇用这类员工的优势不仅在于可节约人力资源成本费用，更多也是为景区规模的扩大埋下伏笔。首先，正是由于海南省整体经济水平不发达，人均收入较低，才使得槟榔谷能够以较低的工资雇用“基本技能”要求型员工，这是其成本优势之一。其次，这一部分员工对人力资本再投入的要求不高，节省的人力资源培训费用可用于“知识、技术技能”要求型员工的培训，从而促进企业发展。这样的分配更具有侧重性和合理性。最后，也是最重要的一点，对低技能员工的雇用可以有效减小景区规模扩大的阻力。

槟榔谷从最开始创建时占地仅几十亩的小景区，发展成现今占地2000多亩的国家4A级景区，在企业努力扩建、发展壮大过程中，也慢慢摸索总结出了一套解决景区周边村民拆迁问题的方案。槟榔谷地处三亚市与保亭县交界处甘什岭自然保护区境内，景区两边森林峻峭，中间是一条连绵数公里的槟榔谷地。槟榔谷附近的村民主要依靠农耕维持生计，人均收入较低，祖祖辈辈生活在槟榔谷地。一旦因为景区扩大拆迁而离开祖宅，即使会得到一笔拆迁补偿费，也将会有一大批村民因为改变生活方式而无法生存。如何保障拆迁后村民的后续生活是槟榔谷扩建过程中急需解决的问题。基于此，景区对于BOP群体尤其是拆迁户工作的落实自然成为这一问题解决的非常恰当的方案。一方面，景区在扩建过程中需要更多的员工加入，景区自身对新员工的需求能够很好地容纳一部分的拆迁居民；另一方面，景区所付的报酬明显高于之前务农的劳动收入，村民自然愿意来景区工作。这一举措也直接提升了当地居民的收入水平和生活水平。

2. “知识、技术技能”要求型

这一类型的员工是企业发展的主力军，对于这部分员工的招聘就显得比较慎重，一般要求需具备较高的知识水平、技术技能等职业素养。聘用后需要对员工进行具有针对性的培训与开发，不仅是聘用成本高，后续的培训成本相对“基本技能”要求型的员工也高很多。因此对这类员工的聘用，企业看中的就是员工具有较大的发展潜能。

单独来看，来自BOP群体的这类员工与类似的接受过专业教育的非BOP群体的人力资源相比，并无优势，甚至是处于劣势。然而这类来自BOP群体的员工也有其自身的特质。由于槟榔谷自身性质属于民俗文化景区，所以对民俗手工艺者或了解黎苗文化的本土居民有大量的需求，企业愿意花费大量资本对技术性人才进行培训。从企业性质来说，这类员工的竞争力远胜于高素质的人力资源。但伴随着对职业要求的提升，这部分员工在海南本土 BOP 群体中所占比例相比于第一类员工来说就小得多。基本上可以说，此二类员工以及下文将会提及的“活化石”型员工在 BOP 群体中的占比呈倒金字塔形。

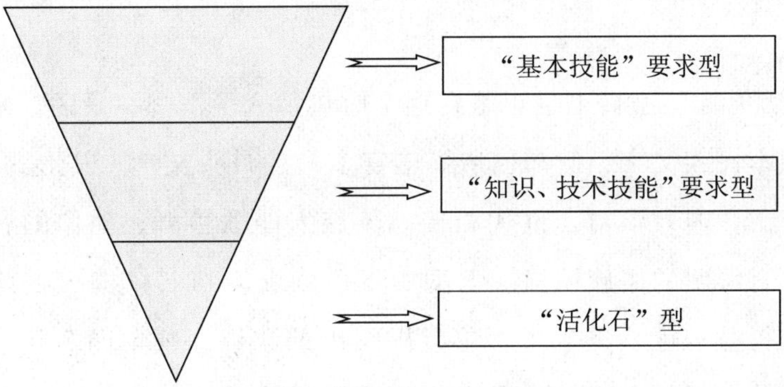

图 7－2　槟榔谷 BOP 员工的层次关系

资料来源：根据调研资料整理而成。

3. “活化石”型

这类“活化石”型员工可谓是景区的标志，目前来说已变成稀缺型人力资源。

由于先前的文化景区零星地分布在海南的各个地区，各景点对文化运营的认识不到位，导致文化运营一直无法形成规模。槟榔谷景区领导班子下定决心改变这一状况，首先要走遍整个海南，去收集散落在各个地区的黎苗文化遗产——这实际上也是槟榔谷对发掘、传承海南黎苗文化所做的最大贡献。槟榔谷团队邀请岛内外专家学者一起，几乎走遍了整个海南岛，收集散落各地的黎锦，了解文身以及黎族的其他生活习俗，最大限度收集黎族流落民间的文化遗产。正如在案例访谈过程中，景区副总经理陈国东回忆所说的：“为了更完整地将海南本土文化呈现到更多关注它的人们面前，我们与岛内的民俗专家学者一起深入白沙、昌江、琼中一带，走遍了全省的少数民族聚集地区，踏遍了少数民族同胞的村落，去了解当地的少数民族生活习俗，收集当地黎族生产、生活用具，向当地百姓学习请教，我们为本土文化所做的努力，也得到了黎苗族同胞的大力支持。”

“活化石”型员工也正是在这个时候加入了槟榔谷景区。黎族虽然没有本民族文字，但却创造了丰富多彩的口头文学。其形式活泼，题材广泛，内容丰富，世代相传。黎族人能歌善舞，他们的音乐和舞蹈具有鲜明的民族风格。大型实景民族歌舞剧《槟榔·古韵》的编排便得益于这一类员工。黎族以织出的黎锦、黎单闻名于世，著名的“崖州被”和“双面绣”，便是以其技术精巧细密、花色艳丽又富于特色而驰名。目前景区仍然可见黎锦工艺的继承人织锦的身影。文脸、文身是黎族保存至今最古老的文化遗迹，被誉为“人体艺术的敦煌壁画”活化石。而这样的“活化石”在槟榔谷依然有迹可循，只是保持黎族习俗的阿婆人数已经越来越少。这些阿婆在槟榔谷中的工作就是向游客展现黎族人的日常生活起居、织锦以及与游客进行简短问候交流。这些民俗资源能保存下来都是相当可贵的。

（二）消费者、竞争者与当地政府

消费者、竞争者与当地政府作为企业价值网络中的重要环节，在企业价值网络中发挥的作用自是不言而喻。尤其是消费者，作为企业创造商业价值的源头，也是决定企业能否生存下去的根本。企业在连接其价值网络时，首先需要考虑其所面对的消费者需求。企业作为这三方的中心连接点，如何把握与消费者、竞争者以及政府的关系，成为企业价值网络是否可以形成的关键。槟榔谷在经营过程中，对消费者、竞争中、地方政府三方的权衡也经过了一番深入的思考。

海南省作为一个陆地面积仅为3.39万平方公里，海域面积约占200万平方公里的海岛，其常年无冬，椰海蓝天的亚热带风情使其成为为世人所追捧的度假天堂。优越的自然环境吸引了大量的海内外游客，为海南打造一个多元化的商业生态系统奠定了良好的基础。每年超过3000万的游客来岛旅游，如何利用好这巨大的人流量为海南省创造商业价值，成为政府、企业与当地居民共同的奋斗目标。

槟榔谷作为一家4A级国家旅游景点，嵌在当前的商业生态系统之中，所面临的是四家5A级国家旅游景点以及十六家4A级国家旅游景点所带来的市场竞争压力，但同时也使身在其中的企业能够分享由整个商业生态系统所带来的机遇与价值。槟榔谷商业价值的获取，其一是来自海南华丽的自然景观；其二是通过展现海南神秘的黎苗文化吸引大批海内外游客；其三是积极配合当地政府工作获得政府政策上的支持；其四就是将当地的BOP群体纳入到自身的商业系统中来，在与村民合作的过程中既实现了企业社会责任，又为企业利润的增长开辟了一条新的路径。而这四个方面却又是相互影响、相辅相成的。

几十年前的海南，可以说基本是在吃自然资源的老本，靠着优越的自然环境吸引游客。随着时间的推移，政府与企业甚至本土居民才开始慢慢意识到传播民俗文化的重要性。民俗文化是一个民族的精髓所在，其在传播与传承的过程中不仅可以创造价值，也可以让世人更加了解海南。在槟榔谷景区建立之前，早在20世纪90年代海南就已经开发了一些民俗文化村寨，但环境普通，生活设施粗放，歌舞单一。这些民俗文化村寨的开发，只是民间行为，缺少规划，缺少投资，是典型的“刀耕火种”的文化版本。民俗村寨的建设大兴模仿风，甚至根本就不懂得真正的黎族苗族文化，简简单单搭几间茅草屋充当黎苗风情村，打着民俗的幌子，高价贩卖旅游纪念品牟取暴利。若这种民俗文化村寨长久存在，对海南的文化旅游业而言是种毁灭性的打击。当时的商业生态系统相当脆弱，当地政府的大力整改以及企业自身的危机意识扭转了局面。在这期间，槟榔谷积极探索拥有自己专属特色的发展之路，其对原住民传统文化的深入挖掘、全力保护以及大力弘扬，得到了海南省人民政府、省旅游局、省民宗委等有关部门的大力支持。景区后续又在原有基础之上投入6000多万元，挖掘开发了保亭黎族苗族自治县非物质文化遗产陈列馆、展览馆、黎族文身馆、制陶馆、蜘蛛文化馆、原生态大舞台等新内容，海南省国家级非物质文化遗产保护的21个项目中，槟榔谷就展示了10多个。谷内的黎族传统文化博物馆里，珍藏着整个海南岛最珍贵的各种黎族民间文物以及见证黎族发展历程的种种器皿和图片，是一部生动恢宏的“黎族人历史教科书”。一些濒临失传的黎族传统技艺和正在消失的文化现象如纺染织绣、竹木乐器演奏、黎族妇女的文身绣面等也都在槟榔谷中被珍藏着、保护着。一方面，这些本该由政府来主持完成的工作，却被槟榔谷以商业化的形式一步一步地进行着，不仅节省了财政支出还创造了可观的商业价值，景区的发展自是得到政府的大力支持与保障。另一方面，景区还新增了黎苗美食文化街等由当地居民自主经营的项目。正如上文所述，景区在自身发展的过程中，带动了当地BOP群体的就业，极大地改善了其生活水平，使得企业社会责任得以实现。从这一点来看，企业不仅得到了政府的表彰，更是改善了景区周边的商业环境，将一个本由农业主导的经营环境逐渐演变成以商业为主导的生态系统。这一改变也吸引了更多游客进行消费，增加了游客的需求。不仅如此，在开发民俗文化旅游项目的过程中，企业将注意力主要放在深度挖掘以及传播民俗文化方面，对自然资源的开发相较于传统旅游景点来说力度较小，对海南省的自然资源无形中形成了保护。

由此可知，在这几方共同努力之下，槟榔谷景区的商业生态系统正不断完善。在此过程中，槟榔谷、消费者、政府、竞争者这四者之间的互动使得槟榔谷的价值网络有效地形成，而槟榔谷的下一步行动就是在其价值网络中创造商业价值并且实现企业的社会责任。

三、与 BOP 群体合作共创商业价值

作为旅游服务业中的一员，槟榔谷的企业利润来源与海南其他旅游景点基本一致，主要来自门票收入。首先，国家4A旅游景点的称号在一定程度上为槟榔谷带来了门票定价权，当然这也与槟榔谷细致的景区规划密不可分。其次，门票收入基于人流量的大小，游客来访的多少直接影响到企业利润，这就要求槟榔谷在营销环节做足功课。而综观散布海南岛各地的大小旅游景点，营销与推广模式差别不大，大都以旅行社为中间商，由旅行社带动景点的客流量。虽然散客目前也开始形成规模，但与旅行团相比，其数量仍然很少。从这一点来看，海南省各个旅游景点的门票利润分布较为均匀，大部分也都被几个国家4A级和5A级旅游景点瓜分，很难从中攫取更多的利润。

一般情况下，竞争对手的存在会蚕食企业一部分的利润，但是，

在槟榔谷的价值网络中，竞争对手的存在却在一定程度上加强了企业间的合作关系。槟榔谷地处甘什岭自然保护区内，风景优美自不必多说，而离槟榔谷不过几公里之远处，便是国家5A级景区呀诺达雨林文化旅游区（以下简称“呀诺达”）。此二者之间虽然表面上看是一种竞争关系，但由于三亚景点特殊的地理位置导致各景点分布较为分散，使得互相邻近的两个景点间的关系反而更加密切起来。因为往往在旅行团的捆绑销售中，会将两个相近的景点设计成一条专门的旅游路线，并给予游客一定的优惠。再者，对于游客而言，槟榔谷和呀诺达虽是相邻景点，却各自有着独特的经营特色。槟榔谷丰富的黎苗文化展现和呀诺达充满热带风情的雨林体验对于游客来说，在一定程度上是一种文化与自然景色的相互交融，感受更深。

然而门票收入对于槟榔谷来说是一种被动承受的收入，靠客流量的大小来带动，而客流量却往往由不得企业自主控制。如何扩大企业的商业价值这一问题便又要通过从企业外部回到企业内部来解决。槟榔谷的做法是将当地的BOP群体纳入企业经营过程中来，使其形成企业的人力资本，由于当地居民与槟榔谷之间微妙的关系，使得企业有可能在其中获得一部分利润。不仅如此，其特殊的人力资源管理模式还为谷中居民带来了大量的商业机会，实现企业商业价值的同时也带动了谷中居民生活水平的提升，调和了企业对商业利润的追求与实现企业社会责任之间的矛盾。

人力资本作为储存在人体体内具有经济价值的知识、技术、技能和健康，并非与生俱来，而是靠后天努力所获得的，其表现形式为人力资本的投资形成。人力资本的形成，从目前来看，主要有两种方式：一是教育，二是实践。这两种方式看似不同，其实都要基于当地人力资源自身特质这一基础才能形成高效的人力资本。槟榔谷景区人力资本的投资和形成，首先是基于对当地 BOP 群体人力资源特质的了解；其次是明确企业的社会责任，将企业社会责任融入人力资本运行；最后才能制定出因地制宜的人力资源培养方案。

俗话说“靠山吃山、靠海吃海”，大部分海南本土居民靠着农业与渔业为生，过着“饿不死、撑不着”的生活。也正是这种悠闲的生活方式，使得大部分海南人生活得比较满足、安逸，当地民风淳朴有余却是勤奋不足；海南人整体收入较低，生活水准也不高。在这样的大环境下，槟榔谷想要更进一步地发展必须要扩大景点规模，拆迁征地就变成横亘在企业发展之路上的重要而又让人头疼的难题。如何让村民心甘情愿地搬迁让景点规模顺利扩张，这不仅牵涉到企业的商业价值扩张，更涉及企业如何去完成其社会责任的问题。

（一）承担企业社会责任

关于企业是否需要承担社会责任，已是争论不休的老话题。就企业而言，如果能够主动承担社会责任，无疑会提升企业的口碑和社会地位，从而提升企业知名度，获得地方政府支持，博得媒体大众赞誉，赢得消费者认同。槟榔谷景区把企业所在地区的低收入群体作为企业发展过程中的利益相关者，并挖掘这个群体的独特社会价值，从而很好地解决了企业的利润追求与承担社会责任的矛盾。

国家“十二五”规划将改善民生、提升经济发展质量作为主要目标，其中一个重要任务是提高中低收入群体的收入水平，缩小收入分配差距。政府部门以财政扶贫等方式来救助社会 BOP 群体，曾一直作为解决社会贫困问题的方案而被寄予厚望。但是，多年来的实践证明：“授之以鱼”不如“授之以渔”，单纯的物质救助无法从根本上提高低收入群体自食其力的生活能力，也不能使这个群体持续地提升生活质量。槟榔谷景区把 BOP 群体纳入企业的价值网络，带动本地低收入群体与企业共享收益、共同富裕，无疑是企业运营模式的一大创新。

在模式创新的具体操作过程中，槟榔谷积极挖掘、弘扬黎苗族传统文化的同时，千方百计创造就业机会，尽可能安置当地少数民族同胞、下岗职工。目前景区共安置人员达千人，其中 85% 为本地区及周边市县少数民族同胞，其余的均为下岗分流人员和待业青年。这些新增的岗位不仅解决了当地居民的就业、生活问题，也为景区的扩建减少了阻力，同时也获得了政府的肯定与支持。随着景区规模的不断扩大、档次的不断提高、游客流量的逐年增加，景区投资约 42 万元为邻近村民建起了购物一条街，并作为邻村的固定资产，供村民销售土特产品，实现了间接就业近百人，切实解决了部分村民就业难的问题，为社会减轻了负担，为构建和谐社会、促进地方经济的发展起到了积极的作用。不仅如此，景区还先后投资了近 200 万元为景区相邻的甘什上村打水井，安装自来水，修建水泥道路，为贫困黎族同胞解决衣食住行，资助 20 多位贫困家庭的子女上学，毕业后安排在景区就业。

槟榔谷在将当地 BOP 群体不断纳入其人力资本运行的过程中，也在不断改善着当地的商业大环境。当地居民整体生活水平得到改善，反过来也会对企业的发展起到积极作用，不仅有越来越多的优质人力资源可供企业选择，同时企业也可以在一个更加和谐的环境中经营。

（二）企业与 BOP 群体的合作共赢

对于 BOP 群体人力资本的投入只是槟榔谷人力资源培养方案的

一部分，对当地BOP群体人力资源的特质加以利用，也是槟榔谷基于其企业性质从而化劣势为优势的成功之举。由于人力资本载体存在个性的差异，资本存量的多少和结构等都有所不同，要有效地利用和管理人力资本，就需要对人力资本进行合理的配置。槟榔谷按照岗位要求，结合员工的工作能力、个性差异和兴趣，将员工安排到合适的工作岗位上去，实现人岗结合，提高了企业运行效率。

针对BOP群体员工的管理，槟榔谷景区推出“景区+农户、务工+务农、村民+员工+店主、开心半天工”的合作管理新模式，将村民既变成员工又变成合伙人，实现了对BOP群体人力资本的合理安排。不仅如此，景区还无偿提供给周边村民76间商铺，建设村民卖热带特色水果、农副产品及黎家特色小吃的惠农一条街。而在惠农一条街直接就业的村民逾百人。本案例组在调研过程中，特别问起槟榔谷与参与经营的BOP群体的收益分配问题，景区总经理陈焕清说：“农村与企业、村民与员工融为一体，村民租土地给景区换取铺面，如果村民不愿意经营，景区每月1000元返租。”案例组成员为当地黎苗村民算了一笔账，他们每年能从槟榔谷景区获得的收入包括合作土地的分红与租金收入、景区上班的工资收入、铺面经营的营业收入、景区内销售自己采摘的果实收入、种植苗木花卉卖给景区的收入、村民在景区开农家乐及茶吧等的营业收入。实际上，甘什上村、甘什下村共400余人，村民年人均收入由1998年的不足2000元，增长到11060元。再加上景区扩建土地合作的分红等收入，村民2014年人均收入在36000元以上。槟榔谷的运营模式使得员工从为景区打工转变为为自己工作，有效地调动了员工工作的主动性、积极性，使他们自觉地把自己的人力资本潜能调动起来，这也必将促进人力资本投资规模的进一步扩大，实现人力资本的增值和扩张，从而使整个运营系统呈现一种流量不断扩大的良性循环趋势。槟榔谷景区就是通过这种基于价值共享的运营模式，实现了企业成长、员工自我管理以及当地 BOP 群体人力资本开发的多赢。

案例结语

保亭县不仅是海南省重要的生态核心地区之一，生态环境优良，旅游资源丰富，同时也是国定贫困县。如何激活这个生态县、贫困县的资源优势，在当前中国可持续发展和海南“生态立省”大背景下，无疑具有重要意义。槟榔谷基于对当地 BOP 群体人力资源特质的了解，以及企业社会责任的承担，将当地 BOP 群体纳入企业的价值网络，实现了其商业模式的创新。将周边村民的人均年收入从 1998 年的不足 2000 元提升到 11060 元。而景区也从最初只有约 30 名员工，占地仅几十亩的名不见经传的普通黎族村寨发展成为如今拥有 1200 多名员工、年接待游客 120 万人次、年利润近千万元的国家 4A 级旅游景区。槟榔谷通过开发生态旅游，以市场方式传承黎苗文化，促进了县域经济的发展。景区建设带动乡村改变贫困面貌，造福群众。相应地，景区在提升当地村民生活水平的同时，也为自身的扩建减少了阻力，进一步推动其发展壮大。

槟榔谷将“挖掘、保护、传承和弘扬海南黎苗文化，使其生生不息”作为其企业文化，将企业发展与海南黎苗文化的传承紧密相连。自开业以来，槟榔谷在海南省人民政府、省旅游局、省民宗厅等有关部门的支持下，开发了保亭黎族苗族自治县非物质文化遗产陈列馆、展览馆、黎族文身馆、制陶馆、蜘蛛文化馆、原生态大舞台、黎苗美食文化街等内容，全力保护并且大力弘扬原住民传统文化。尤其在谷内的黎族传统文化博物馆里，珍藏着整个海南岛最珍贵的黎族各种民间文物以及见证黎族发展历程的各种器皿和图片，是一部生动恢宏的“黎族人历史教科书”。纺染织绣、竹木乐器演奏技法、打柴舞、黎族妇女的文身绣面等这些濒临失传的黎族传统技艺和正在消失的文化现象，也都在槟榔谷中被悉心地保护着、坚持着，力图使其在新的时期焕发出新的生命力。

热带雨林天堂的生态价值观

采编/撰写：高　健　丁雅馨　等

《非诚勿扰Ⅱ》中闪现的场面：舒淇走在索桥上，葛优在后面深情地看着她，四面树木葱郁，远处海天相接；舒淇坐在天池边，葛优站在她的身边，天池清澈见底，周围青翠欲滴；舒淇住的房间里面设备高端，窗外鸟语花香……剧中宛若世外桃源的地方就是地处海南省三亚市的亚龙湾热带雨林天堂森林公园。本案例描述了热带雨林天堂的发展历程与项目实施历程中的点点滴滴，呈现项目开发企业保护自然、和谐共生的生态理念。

一、引言

2002年8月，海南飞帆实业有限公司（三亚亚龙湾云天热带森林公园有限公司控股公司，现已更名为海南投资股份有限公司）向市政府和林业局提交了建设亚龙湾森林公园的申请。至2003年7月16日，市林业局以三林（2003）53号文件发出《关于建立亚龙湾热带森林公园的通知》，标志着项目的正式诞生。

三亚市政府给飞帆公司批下这片靠近亚龙湾的原始山林时，公司的几位创始人看到如此原生态的热带山地雨林，都发自内心地希望尽可能把这片山地雨林的原始风情保存下来。同时，地方政府也希望企业能最大可能地保护生态、保护自然，双方的想法不谋而合。于是，2003年12月18日，三亚飞帆实业有限公司与三亚市林业局在博鳌海南冬季交易会上正式签署《三亚亚龙湾热带森林公园保护建设经营合作合同书》。该协议的达成，既标志着项目的确定，也为后来热带雨林公园项目规划中生态环保理念的完整实施提供了基础性的法律保证。

经过10多年的发展，三亚亚龙湾热带森林公园从原来很不起眼的山地公园，发展成为占地面积1506公顷、年收入4亿元人民币、年纳税额7500万元的国家4A级旅游景区，并被评为全国热带森林生态休闲旅游知名品牌创建示范区、海南省高新技术集成旅游示范区等。本案例试图回溯亚龙湾热带森林公园一波三折的开发和建设历程，呈现这个以“极致生态”为基本理念的旅游景区公司如何在自我发展与生态保护之间成功保持平衡，并取得优异的经济效益和社会效益。

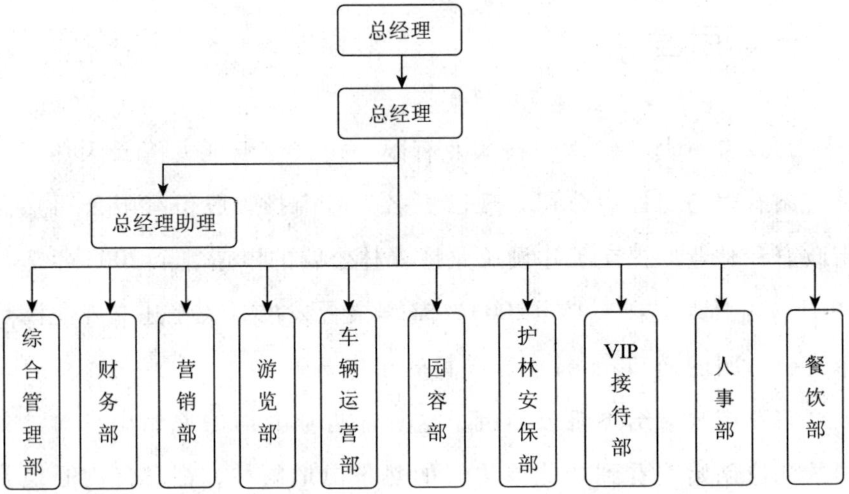

图 8－1　亚龙湾热带雨林天堂森林公园组织结构

资料来源：根据调研资料绘制完成。

二、热带雨林天堂的前世今生

三亚亚龙湾热带森林公园的发展颇有传奇色彩，其快速发展与几位公司创始人的坚持和努力是分不开的。

（一）缔造者群像

毛剑峰是公司现任董事长、总裁，浙江人，曾任三亚市政协常委、浙商全国理事会轮值主席。毛剑峰20世纪80年代末来到海南发展，对海南情况比较熟悉，特别是在酒店的内在装潢方面是行家，海南首屈一指的五星级酒店——三亚喜来登酒店的内部装潢大部分都出自他之手。毛剑峰在酒店建设、设计方面颇有造诣，在高星级酒店内在设计和装潢方面经验非常丰富，并有着自己的独到见解。

操竞东是现任公司董事、常务副总裁，湖北人。早年在三亚曾当过3年的兵，对三亚特别热爱，退伍回家后因为对三亚这个地方很有兴趣，就又重返三亚，并在三亚市政府任职。因工作原因，操竞东对三亚旅游行业非常熟悉，参与了三亚多个旅游区的开发和旅游项目的建设；尤其是参与了南山旅游景区的建设，使其对南山景区的运营过程非常了解。此外，操竞东对三亚旅游资源也很熟悉，知晓三亚旅游资源开发的区域分布，也熟谙三亚旅游的未来发展动向。

聂三来是现任公司董事、副总裁，湖北人。曾是南山旅游景区早期创始人之一，从奠基开始直至后来运营均参与其中。聂三来熟悉旅游景区的开发和运营过程，对旅游景区发展过程中所需的文化的挖掘、市场的分析与定位、景区的建设与运作、景观设施的建造过程与标准、旅游先进理念的植入与落地生根以及游客喜爱的旅游产品等方面都深有体会。

赵枞是现任公司董事、副总裁，山西人。在2000年后来到海南，曾是华宇酒店早期的创始人之一。在华宇建设时期，在市场定位、办理政府的法定手续以及资本运营方面，都是由赵枞来操办的，特别是在资本运作方面，赵枞是一把好手。

（二）创业团队组建

2002年七八月，毛剑峰有意向进入旅游行业，在与好朋友操竞东、赵枞聊天中，表达了想为三亚旅游做点事情的想法，并希望在发挥自身的潜能、智慧的同时也能赚到钱，希望在更大的舞台上开创出自己的事业。当时操竞东也有了离开政府单位、投身商海开创事业的想法。在其市长秘书的工作任期完结以后，操竞东毅然放弃了稳定的工作，向毛剑峰推荐了热带雨林天堂所在的这片山林（当时还是未开发山林地，但已被三亚市列入亚龙湾国家级旅游度假区发展规划），决定一起努力开创出自己的企业。于是，毛剑峰组织起最初的创业“三人团”。

在得到各级政府的批准后，这个创业团队接手这片山林。最初，毛剑峰及其团队并没有具体的开发思路：这么大一片山林，如何定位、如何打造以及如何具体建设，大家心里都没有谱。当时的三亚，海边的资源大都已被开发殆尽；虽然山林资源还有很多，但也陆续被开发成房地产项目。三亚市西部已开发出许多著名景区，例如南山景区、大小洞天、天涯海角等，但东部却没有什么有代表性的旅游景区，游客到此只能看海。三亚市旅游产业发展呈现出较为明显的“西强东弱”的形势，东边旅游景区的开发程度明显不足。看到这个机遇，毛剑峰团队提出，可以依托这片山林做山地旅游景区，让游客来到东部后，看完海再登山；这可以增加东部旅游景区的分量，增加旅游种类，让外地游客到三亚能够尽享山海美景。

对海南生态价值的定位认识，是从高层开始逐步提升的。时任省委书记王岐山在海南调研之后，提出了两个对海南发展影响深远、引领海南岛发展方向的口号：把海南岛打造成中华民族的后花园，把海南岛打造成中国人民的度假村。这两个口号在海南岛的生态定位方面提得很准，把生态提升到了一个很高的高度。嗅觉敏锐的毛剑峰创业团队决定跟着生态这个大方向“走”，注重生态，把这片荒野山林做成绿色森林旅游。

在三亚做绿色，可行性还是很大的。毛剑峰及其团队在决定重视生态、做绿色森林旅游后，就准备把这片山林打造成森林公园。但这一片未开发的山林，就像一张白纸，怎样在上面做文章，引起游客的兴趣，吸引大家游览？曾在南山5A景区工作的聂三来提出：借鉴南山，以文化为主题和切入点来打造热带森林公园。考虑到亚龙湾是度假、休养的胜地，创业团队一致决定：主打度假、观光，让游客来到这里就是休息，就是发呆，就是享受阳光，关掉手机，堵起耳朵，甚至不开电视，彻底放松自己……

经过集思广益，创业团队集体决定，保持项目开发和亚龙湾国家旅游度假区的规划建设理念一致，主打旅游和观光。但是，如果只做纯粹旅游观光的话，项目的商业盈利模式必然存在缺陷：游客花几十块钱买门票，进来观光以后就走人。这样的运营模式，企业很难形成实质性的盈利来支撑可持续发展。于是，创业团队讨论之后加入了度假元素——借鉴喜来登模式建设度假酒店，让酒店房间收入和景区门票相呼应，让游客有“旅游+度假、观光+休闲”的双重体验，开发游客需求的同时，也为企业带来多元化的收益。

（三）艰难创业路

2003年春节后，毛董及其团队开始做森林公园的总体规划，主要是景区景点规划、连通整个景区的道路系统规划等，团队成员先进行内部构思，并形成了2003年版的热带雨林天堂规划方案。

但是，2003年突如其来的“非典”疫情，重创了三亚旅游市场。到2003年五六月，三亚市区以及几乎所有的旅游景区都没有旅客，亚龙湾地区的酒店几乎是门可罗雀。鉴于此种情况，为了避免重复建设，地方政府收紧了度假酒店审批，只批复同意毛剑峰团队在此地开发热带雨林公园。守着亚龙湾这块得天独厚的宝地，如果不做度假酒店实在暴殄天物，如果只做度假公园，还有些学雷锋的性质：游客愿意花几十块钱的就花钱进来观光一下，不愿意花钱的可能就会从山林旁边绕进来，登山活动一下筋骨，到山顶再观看一下亚龙湾，看到美景心旷神怡后就下山了，而公园的经营者得不到任何收益。迫不得已，毛董带领团队开始大幅度修改之前的规划方案。但是究竟该如何重新定位，大家都倍感困惑。原本雄心勃勃准备做一番事业的创业团队一下子陷入苦闷之中。

（四）无心插柳的“试验品”

面对创业陷入僵局的困局，毛剑峰决定带着全体创业团队成员去保亭县七仙岭散心。2003 年 5 月，毛剑峰带着大家跑到七仙岭，泡泡温泉、逛逛景点。在游到七仙岭山上的时候，大家被山上的雨林景色所吸引，一致同意把原来亚龙湾的雨林酒店规划在此地实施。于是，公司在保亭购置了一块山地进行开发，试验性地探索山地度假酒店的规划、建设及经营模式。从而，诞生了作为“试验品”的天上人间温泉度假村。

天上人间酒店规划时，创业团队提出基本的建设理念，即“房在树下，屋在林中”；不追求房屋容量的大小，按照一亩地一间房的标准来打造。建成以后的格局是，250 亩地，250 间房；原有的自然植被，包括小山沟、小河流、小山包等都原样保留；尽量保留原有的自然生态格局。这样的设计给度假的游客带来了全新的体验：吃饭的时候，坐在菠萝蜜树下，耳边听着泉水叮咚响，旁边还有蝴蝶飞舞，不时有雾飘来，一不留神，脑袋就碰到垂下来的菠萝蜜……

如此意境，让人亲身体会到了诗情画意!

天上人间度假村建设完成以后，其环保理念和建设手法，得到了省市县各部门的一致认可；更为关键的是，开业不久就形成了稳定的客源，取得了可观的经济效益，为以后建设森林公园打下了坚实的基础，积累了极为宝贵的经验。怀揣着热带雨林天堂梦想的创业团队，于2007年转让了七仙岭天上人间度假酒店股权，所得资金全部用于森林公园项目建设。

(五) 建造热带雨林天堂

回归亚龙湾以后的创业团队，真正开始了热带雨林天堂的开发和建设。此时三亚大致的旅游格局与四年前相比已经改变，大三亚旅游圈建设如火如荼。针对三亚容量不足的问题，市政府也提出了解决办法，按照国家级的标准打造海棠湾。这一政策东风给森林公园所在山林地区创造了更佳的地理优势。

在保亭的天上人间酒店因为重视生态而获得经济效益，让团队成员意识到“生态就是生命”“生态就是未来盈利的门道”，并且，全国层面也在强调生态发展观。因此，团队决定坚持抓住生态发展主题，建设生态和谐的森林公园，并进一步上升为“极尽生态”理念，这一理念自此以后就贯穿了热带雨林天堂建设和发展的始终。

2007年6月，公司开始森林公园项目一期的主要工程建设，团队进行重新规划，如以前的旅游线路是从山脚下到山顶直上直下的道路，既没有把最好的景观展示给上山游客，也没有很好地体现生态规划理念。于是，公司建设团队根据不同的山头特色、不同的山头位置、不同的山林景观，用一条车行道串联起来，作为旅游主线路，车行道上的游览车就作为游客游览的主要方式，辅线路则是林下的游步道。有些游客不愿意爬山，因为爬山太累，且三亚天气较热，此时坐免费的游览车就是一个更好的选择，游览车能把他们直接送到景色最美的地方去。主、辅线路的结合不仅满足了登山爱好者的要求，而且为旅行社的团队游客节省了时间，让他们能够领略到更多的美景。

车行道的建设也耗费了团队成员很多心思，在细节的处理上下了很多功夫。他们把这一片山比喻成一个非常漂亮的脸蛋儿，把车行道尽量隐藏起来，不能说从远处看这片山，脸上划出了几条口子，影响美观。团队在设计车行道时，大多选择山脊和缓坡，铺路的时候更是挖一半、填一半，碰到好树好石还会绕开，不会把树砍掉、将石头搬走或毁掉；道路只修建了 6 米，比标准的 7 米要窄 1 米，这样做的最主要目的还是保护生态，最大可能地保留这片山林最原始的美景。

山顶上有一片相对平坦的区域，有 170 多亩，在山顶上能看到很美的风光：能 360°俯瞰三亚的全景，南边是茫茫的南海，北边则是逶迤的群山，天气好时甚至能隐约看到五指山。南海展现着中国的主权，在山顶上遥望南海，有一种笑看风云变幻的豪迈。团队成员因地制宜，根据这片相对平坦的区域配备了相应的商业设施，让游客在观景后能坐下来休息，品尝茶水的同时享受雨雾缭绕、蝴蝶围绕的优美意境，吸引了游客，也达到盈利的目的。

半山腰处也建设了许多景点，其中最著名的一处景点是过江龙索桥——在《非诚勿扰Ⅱ》中使观众留下了非常深刻的印象，来到热带雨林天堂的游客也都会来这里看看：两山之间没有其他连接，仅有一条索桥，站在索桥上给人一种惊叹之感。

车行道建设得差不多之后，作为度假的主要设施——亚龙湾人间天堂鸟巢度假村也开始建设了。经过保亭天上人间的建设，团队积累了宝贵的经验：酒店外墙石材是天然的花岗岩，房屋的建设使用茅草、树皮和天然木材，尽量减少人工制品如涂料、石砖等的使用，使建筑材料尽可能地贴近自然和原生态；房屋与房屋之间保持一定距离，保护游客隐私的同时，让游客更贴近大自然，推开窗户即可看到自然之景，伸出手即可摘到新鲜的水果，还有不耐寂寞的树叶伸进窗户，想要看看不同于森林的奢华设施……鉴于天上人间如此优美的意境，团队决定把这种理念再运用到鸟巢的建设中：木屋分布到林间，且不损坏地表植被，把木屋完全架起来，房屋之间用架起来的栈道连接，也不损坏地表植被，达到了自然化、生态化的目的，又不同于山脚下的度假房屋，别具一格。山上房屋的建造比普通房屋的建造成本要高得多，房屋主要的材料是木材，为达到实用性较好的目的，所选用的木材必须要硬度够、抗晒、抗湿、防虫、防腐蚀以及抗台风，经过一段时间的寻找，团队最终选择了一种木材——大甘巴豆，来自缅甸，1 万元/立方米，主要用于建设房屋的墙壁和地板，栈道用的也是这种木材。经过多次试验，团队发现屋顶用树皮最好，但也不能仅用树皮，否则透风透水，还不防晒，所以团队最后选择了用钢搭建结构后，再包一层条木板，再铺一层木板，上面再依次铺上羊毛衫、5 厘米的泡沫板和树皮，羊毛衫主要起防水、隔温的作用，泡沫板用于隔热，那么多层铺上去还能防虫和老鼠。整个房屋如此建造完毕，才能真正让游客住得舒心和放心。

虽然说起来简单，但实际上，这样一间一间房屋建造下来绝对是一项艰巨的工程。首先，因为没有空地放置吊车、卡车这些大型运输器材，因此建造材料全部由人工手拿、肩扛运到山上，电焊的时候还要小心防火，山上容易发生火灾。其次，为了保护生态不能大面积开辟空地进行施工，只能在地面寻找、清理出一小块空地以建立支架。最后，这片山林里的山较高，人爬都得爬好久，山上条件恶劣，且树林里蚊虫多。因此，建造过程中人工成本非常高，效率较低，建设时间长，建造成本成倍增加。再加上房屋内设施齐全，装饰美轮美奂，有“野外奢华”之效果，最终使一套房屋面积在80平方米左右，造价却达到80万元以上。除了房屋外，还有大量的隐形成本：房屋外面还铺设了大量的管道和线路，以供水供电；为了把所有房屋都连通起来，团队成员也进行了精心的设计；团队还选用了低碳环保的太阳能热水系统，房屋里还装有空气能热泵；山上酒店区域铺设了5套污水处理站，处理每年37万吨的用水；生活垃圾的处理；房间服务没有小推车，房屋又较分散，全靠服务人员用小背篓背来背去。这些都使山上酒店的运营成本高出山下集中式酒店的1~2倍，星级水平也比山下五星级要高。

房屋群建设过程中，团队一直在考虑命名的问题，如何能让人眼前一亮又容易记住呢？当时的建筑工人普遍把这些树屋称为“鸟窝”，聂总听到后，觉得挺好，听着很亲切，但相对较俗气，后来联想到北京的“鸟巢”，就提出，可以借鉴那个“鸟巢”。北京的“鸟巢”是外形像鸟巢，且用于体育竞赛，而森林公园的“鸟巢”是模仿鸟类的生活环境建造的，让游客在度假期间，享受到小鸟巢穴的生存环境，闻鸟语花香、看蝴蝶飞舞、听泉水叮咚，能够给游客带来舒缓的感觉。团队其他成员讨论后，都觉得这个名字很好，既形象又响亮，遂起名“鸟巢”。当然了，全世界都知道北京的“鸟巢”，森林公园把度假酒店起名为“鸟巢”也有期望全世界都知晓的愿景，目前这个愿景已经迈出了一小步——国人皆知了。

三、热带雨林天堂的竞争优势

2009年9月18日，亚龙湾热带森林文化旅游区正式投入运营。自开园以来，累计接待游客1000万人次，稳坐海南全省旅游景区行业旅游人数的第三把交椅（第一和第二分别为天涯海角和南山），旅游收入在海南全省旅游景区排名第二，仅次于南山，且呈现出良好的成长性。运营仅5年多的时间，热带雨林天堂是如何收获如此喜人的成绩的？这要归功于热带雨林天堂较强的竞争力。

（一）凭借优越地理位置

热带雨林天堂距“天下第一湾”的亚龙湾仅4公里，无论是自驾还是搭乘公交，都给游客提供了很多的方便：在亚龙湾海滩游玩后，就近就可以游览三亚的山景，在山顶还能看到亚龙湾的全景，体会不一样的亚龙湾。

（二）依托丰富生态资源

热带雨林天堂总面积1506公顷，园区森林植被类型为热带常绿性雨林和热带半落叶季雨林，生物种类多样且丰富。园内有植物133科1500余种；野生动物有哺乳类30余种，两栖类、爬行类60种，鸟类100余种，蝶类20余种。园区属花岗岩低山和低山高丘地貌，海拔25～309米，相对高差达414米，加之溪流切割、风化、崩塌等外营力的作用，孕育了溪谷、洞穴、奇石、峭崖、山峦等组合地貌群；园区融秀、险、幽、奇于一体，真正体现了自然生态之美。

（三）充分挖掘人文资源

热带雨林天堂山上的鸟巢度假村，地处亚龙湾之上，伴山面海，建设手法独特环保，其生动有趣的造型、掩映林间的布局、曲径通幽的栈道、天池般的泳池……与森林景观融为一体，将“野奢”度假享受推向极致，创造了中国山地度假酒店的新概念。在园区山顶，以《非诚勿扰Ⅱ》影视文化为元素演绎形成了咖啡厅、海南养生餐、海南花梨木、沉香、特色工艺品、北纬18°邮局等多种业态商铺。园区在亚龙岭之巅建“天作之合”婚礼广场和婚礼教堂，专门成立团队为客人提供婚礼顾问、婚礼策划、婚礼服务、婚礼接送、婚宴场地、蜜月套房、宾客住房等全方位的一站式高端服务。

随着电影《非诚勿扰Ⅱ》的上映，这里成为海南婚纱摄影的热选之地。继《非诚勿扰Ⅱ》之后，李冰冰及郭富城主演的《菊皇茶语》，何润东、戚薇、董璇主演的《无懈可击之美女如云》等影视组纷纷来公园拍摄。央视、旅游卫视、浙江卫视、韩国UBC，英国BBC等电视台均在园区进行过专题拍摄。园区的千里伞、峭壁天池、过江龙索桥等处成为观光游客心目中必到的代表性景点。

热带雨林天堂拟投资6000万元新建一座动感影院，以热带雨林天堂鸟为主人公，制作海南第一部反映海南热带森林的6D影片，利用现代科技技术，全方位立体化地让游客在休闲娱乐中身临其境地了解、认识海南珍贵热带森林、珍稀保护动物，让游客在激情的6D空间中感觉、体会探索热带森林的神奇、奥秘及其生态价值。

案例结语

基于“极尽生态”的理念，热带雨林天堂的建设最大限度地保留自然，这既是热带雨林天堂的最大特色，也是吸引游客的魅力所在；景区内鸟巢度假酒店建设更是把“野奢”理念发挥得淋漓尽致。以独特的景区特色和生态环境在三亚旅游景区，乃至全国旅游景区中名列前茅且站稳脚跟，热带雨林天堂占据了天时、地利与人和，抓住了机遇，挑战了风险。然而，我们应当看到背后的工作人员的艰苦努力与绞尽脑汁，由此才使得热带雨林天堂在中国旅游景区中能够占据一席之地，并且还将继续努力，争创更辉煌的明天。

俗语说，“打江山容易，守江山难”。在景区发展得如火如荼的时候，热带雨林天堂还能否保持最初的生态化？热带雨林天堂还将继续打造更多的景点，“极尽生态”的理念能否坚持不变？当“极尽生态”理念与商业盈利有冲突时，管理层将如何抉择？由此可见，热带雨林天堂的未来生态之路还很长，很长……

大小洞天发展有限公司的文化竞争力

采编/撰写：高　健　杨金辉　等

本案例回顾了三亚大小洞天发展有限公司的创业与发展历程，试图呈现以“人性化管理”为核心的文化管理体系，阐释大小洞天如何挖掘中华传统文化，并将之融入企业管理的基本理念之中，探索构造出独特的“山、海、情”三元文化管理模式，并据此形成企业独特的文化竞争力。在市场竞争趋于激烈，企业社会责任意识淡化的今天，大小洞天的文化管理体系或许可以给那些正纠结于市场绩效与社会责任关系的中国企业提供一些借鉴。

一、引言

十几年前，祖国各地的海滩海底都是一片生机盎然，海水清澈，物种繁华。可仅仅几年的时间，很多海滨城市的海岸已经惨不忍睹：海水不再碧蓝，海滩脏乱不堪，海洋近岸生物难觅踪迹，连寻常的海鸟等也都难得一见。

然而，三亚大小洞天滨海景区却是另一番景象：蓝天碧海、水清沙白、鱼蟹悠然、蝶萤嬉戏……这一片海域能够保持目前这样生态和谐的天然景观，是与三亚大小洞天发展有限公司（以下简称“大小洞天”）根植于文化基因的和谐发展理念及其力所能及地承担起海洋保护责任，并与周边居民友好共处的努力分不开的。大小洞天所提倡的中华传统文化是建立在“知行合一”基础上的文化观，是人与自身的和谐、人与人的和谐、人与自然的和谐。充分体现了道家文化中“道法自然、因势利导”，不强迫、不奢求，以自然为主、以人力为辅的“无为而治”的思想。在项目开发和运营过程中，尽量减少对生态自然的破坏，在生态和谐的基础上求发展、求突破、求升华，这是大小洞天的基本发展理念。

大小洞天的成长也经历过一段不短的阵痛期。2004 年以后，公司逐步引入了 ISO9001 质量管理体系和 ISO14001 环境管理体系，并通过体系建设对内部管理机制进行调整。经过几年的努力，公司逐步探索出一套具有自身特色的景区经营管理机制，将人性化管理理念融入其中，在调整中改进、在改进中调整，形成了持续改进的良性循环模式。大小洞天旅游区由籍籍无名的地方性小景区，蜕变为国家首批5A级景区，这一成绩的取得在很大程度上应归功于大小洞天在发展过程中逐渐摸索出来的一套文化管理模式。

二、大小洞天发展历程

三亚大小洞天发展有限公司成立于1999年，注册资本4411万元，为三亚市市属重点国有控股企业，其中三亚市国有资产管理公司占68%，海南南山旅游发展有限公司占32%。公司所经营的大小洞天旅游区为国家首批5A级旅游景区。大小洞天旅游区位于三亚市以西40公里处的南山山麓，始创于南宋（1187年），是海南省历史最悠久的风景名胜，中国最南端的中华传统文化旅游胜地，自古因其奇特秀丽的山景、海景、石景与洞景被誉为“琼崖八百年第一山水名胜”“南溟三千里最佳海山奇观”。

大小洞天旅游区的前身是海山奇观旅游区，于1992年开始组建。为了更好地开发大小洞天的旅游资源，1999年5月1由三亚大小洞天发展有限公司正式接收管理，负责大小洞天旅游区的开发、经营和管理工作，具体包括旅游区的开发与建设、门票、游览车、餐饮、旅游商品及各项旅游配套服务项目等。

大小洞天发展有限公司接收管理大小洞天旅游区以来，先后引进了ISO9001质量管理体系和ISO14001环境管理体系，并通过体系建设对内部管理机制进行调整，逐步建立了一套具有自身特色的景区经营管理机制，将公司的管理理念融入其中，在调整中改进、在改进中调整，形成持续改进的良性循环模式。2010年注册成立了三亚小月湾休闲度假酒店和三亚建诚建筑公司两家全资子公司。2012年，为优化公司管理，发挥各岗位职能，邀请了北京和君项目咨询公司对公司进行调研，通过管理诊断、产业分析，树立公司发展战略，明确业务定位及发展方向，梳理企业组织理念及管理思路。

多年来，大小洞天历任领导人坚持以“坚韧、求实、谦和、奋进”为企业精神，秉承道家“道法自然，天人合一”的思想，以及“建设具有独特文化魅力和环境保护相结合的旅游目的地”的发展理念，注重景区生态环境的保护，人与自然和谐发展。在以“实现卓越发展”为定位的经营实践中不断精耕细作、锐意进取，打造汇聚道家文化、龙文化和长寿文化等中国传统文化元素，融合热带滨海风光、科普教育、民俗风情及高端休闲旅游度假于一体的旅游风景区，并于2007年5月荣膺国家首批5A级景区，成为海南省最早的两家5A级景区之一，年接待游客逾百万人次。

今后的大小洞天，将继续立足自身资源特色，以旅游市场为导向、以整体效益为中心，大力提升景区文化旅游的竞争力，将大小洞天旅游区打造成为我国最南端的中华传统文化旅游度假胜地和具有国际化标准的综合型景区。

三、文化管理的核心

把企业管理拆分开来看，一种是“看得见、摸得着”的管理制度，是企业管理当中的硬件部分；另一种就是“看不见、摸不着”的企业文化，是企业管理当中的软件部分。企业发展到一定阶段，其竞争力来源主要是文化竞争力。大小洞天近年来的发展也离不开其文化基因。大小洞天企业文化包含了中华民族传统的道家文化，崇尚“无为则无不治”，在工作中充分发挥员工的主观能动性，强调“理想真人”的人际和谐观，以增强团队的团结合作精神。注重“天人合一”的自然和谐观，突出生态环境保护的重要性，实现人与自然和谐发展。

从管理发展总体趋势看，文化管理是对科学管理的新发展，是管理适应现代社会经济发展大趋势的必然选择，管理实践应当充分体现文化管理的基本精神。大小洞天文化管理模式的形成与该公司的董事长孙冬有很大关系。孙冬来自三亚南山文化旅游区，擅长文化经营的他，相信蕴含道家文化的大小洞天可以很好地发挥传统文化优势，希望在景区管理中更多地融入文化元素，在企业管理过程中尽可能多地添加人性化色彩。

自从2010年推进海南国际旅游岛建设以来，凭借海南岛独特的生态环境，大批的旅游景区得到了快速发展，三亚作为海南省最著名的旅游城市也涌现出了一大批优秀的旅游景点，在大小洞天的周边就有一些发展较为成熟的景区如三亚南山文化旅游区、天涯海角，这些景区在地理位置上与大小洞天较近，发展悠久的道家文化成为大小洞天拓展旅游业务独特的优势，文化管理也成为大小洞天发展的制度选择。

图9－1呈现了大小洞天的文化管理体系。该体系是按照一定层级架构起来的，并且互相关联、层层支撑，其核心定位是大小洞天对深厚中华传统文化底蕴的发扬，通过服务营销、人性化管理来深化文化主题，从而提升品质、打造品牌以深耕景区，再整合景区各类资源，拓展旅游产业链，使景区的经济效益达到最大化，最后通过承担社会责任，为社会做出应有的贡献，打造出更强势的景区文化，更有力地推广景区品牌以吸引广泛的社会关注，达到聚集更多人气的目的，最终实现大小洞天的经济效益与社会效益双丰收。

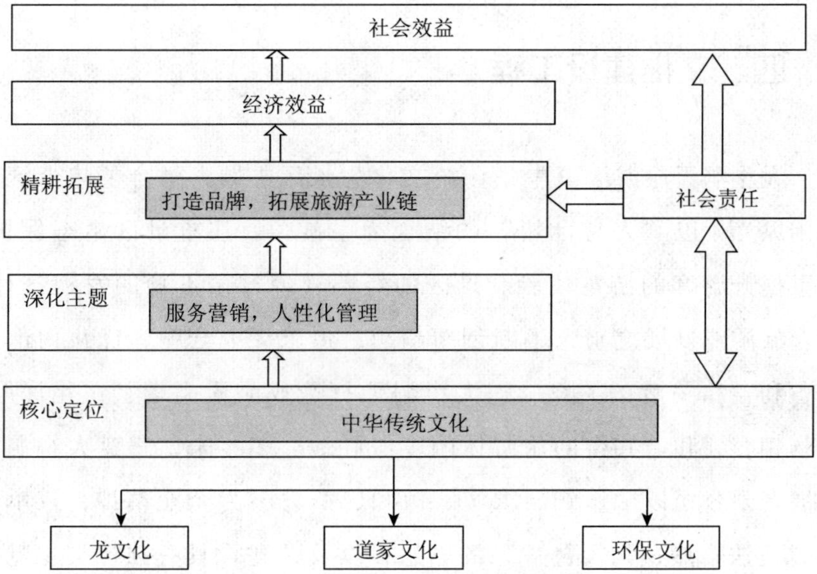

图 9-1　大小洞天的文化管理体系

资料来源：根据调研资料整理而成。

大小洞天的文化管理逻辑内嵌了企业文化建设、公司人性化管理理念与社会声誉和美誉建设三个核心内容（见图 9-2）。

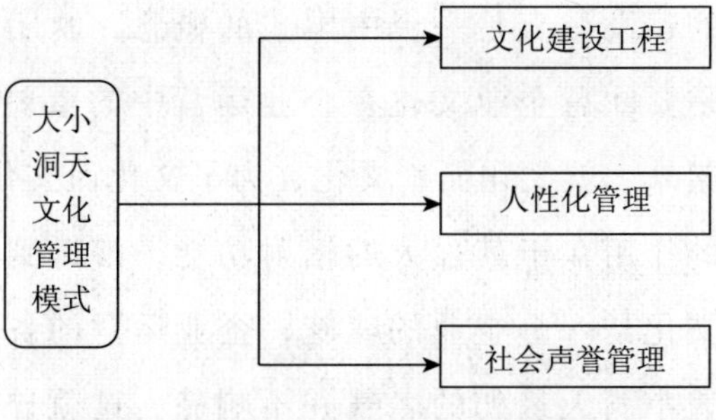

图 9-2　大小洞天文化管理的三轮驱动

资料来源：根据调研资料整理而成。

四、文化建设工程

大小洞天旅游区以中华传统文化为景区主题，融合了热带滨海休闲风光，以“人与自然”的结合为主旋律，注重景区生态保护，着重提升游客的游览体验。景区的经营管理遵循事物的发展规律，契合旅游业发展之道，不断创新超越，追求天人合一，优化内部外部各利益相关者的关系，把大小洞天打造成品质高端、文化深厚、万物相容、和谐共生的旅游休闲度假胜地。多年来，三亚大小洞天发展有限公司以“坚韧、求实、谦和、奋进”为企业精神，秉承道家“道法自然，天人合一”的思想，以及“建设具有独特文化魅力和环境保护相结合的旅游目的地”的发展理念，注重景区生态环境的保护，人与自然和谐发展。大小洞天所提倡的道家文化是一种“知行合一”的文化，以自然为主，以人力为辅，无为而为，无不为而为之。在尽量减少对生态自然的破坏的基础上求发展、求突破、求升华，实现龙文化、道家文化和环保文化相融合。

企业文化的建设一直是一个中国式的概念，脱胎于中国的精神文明建设。但是要注意企业文化在企业运营中的重要作用，不能把企业文化孤立起来，就文化而论文化，为了文化而文化。

企业文化的作用在于其强大的辐射功能，渗透到企业运营的各个方面。企业文化是一个企业的魂魄，企业运营的各个方面必须与此统一协调。大小洞天最初的名气并不响亮，这就导致客源流量与资本投入少，只能靠门票及海鲜排档的收入维持运营。没有客源就挨家挨户上旅行社联系客源，送门票，积累人气；景点扩建时加盖的广场需要风景树来装点，为了节省资金，只能去刨椰子树等树苗回来栽种；没有办公室，员工就在树荫下休息，慢慢地滚动积累才走出了亏损的困境。2003 年后，大小洞天的运营逐渐走上正轨。2007 年 5 月，大小洞天跃变为国家首批 5A 级景区。

大小洞天自古留下了众多名人胜迹。唐代高僧鉴真为弘扬佛法六次东渡日本，曾于第五次漂流至南山大小洞天海岸登岸；宋末元初我国棉纺技术革新家黄道婆在这一带采棉纺织，并从这里登船离岸，把崖州的植棉技术和棉纺技术传播至海内外；1187 年和 1247 年，崇尚道家文化的两任崖州郡守周康和毛奎先后到此寻幽访古，留下寻访游记，使大小洞天有了道家文化渊源。

大小洞天一直被视为“洞天福地”，自建立以来就是一个以道家文化为主题的景区。据史书记载，自唐宋以来，大小洞天即以神仙洞府著称于世，与传说中的东海三仙岛“蓬莱、瀛洲、方丈”相媲美，号称南海仙岛，曾吸引许多求仙道之人。史料记载，宋代著名神仙道士、南宗五祖白玉蟾，因喜南山神秀，归隐于此，修建道观，传播道家文化哲学思想。目前景区内仍留存有“仙坛”“仙人足”等历史遗迹，以及多处游记诗文。南宋淳祐年间，郡守毛奎就任于此，因性欣黄老、酷爱山水，对南山屡加探访，并先后发现大小洞天。遂对这一景区进行开发，留有《大小洞天记》等石刻文字。

在大小洞天旅游区内，与源远流长的道家文化息息相关的还有树龄上千年、被誉为植物活化石的“南山不老松”。“南山不老松”，学名“龙血树”，白垩纪恐龙时代已出现，世界教科文组织将其列为保护树种。因其木质疏松，分枝较多，且树干均有空洞，不能做木料之用，就是拿其烧火，也只冒烟而不燃烧，人称为“不材之木”。“南山不老松”因显性价值不大而免遭乱砍滥伐得以存活近万年。大小洞天旅游区把“南山不老松”的这种特性与《庄子》“木以不材得终其天年，人以无为而成其有为”哲理相结合，并以此推广道家养生文化。同时，结合竖立在“南山不老松”树林旁边的慈禧太后御笔之宝“寿”字碑和赵朴初先生题写的“南山”石刻，再联系国人“寿比南山不老松”的精神向往，挖掘推出“寿比南山不老松”这一深具长寿文化内涵的旅游文化新品牌，可以说是对长寿文化的延伸，对道家养生文化的发展和丰富。

近年来，大小洞天景区大力推动龙抬头节，该节日被海南本地民众所知晓并逐渐接受。龙抬头节，又称春龙节，是流行于我国各民族各地区的传统节日。我国民间有“二月二，龙抬头”的谚语，表示春季来临，万物复苏，蛰龙开始活动。约从唐朝开始，每年农历二月初二，人们都会纷纷到江河水畔祭龙神，祈求全年风调雨顺、全家安宁。海南地处中国南疆，所辖海域面积达200万平方公里，海南百姓自古就有崇龙习俗。海南渔民每年都要举行一项重要的祭海活动，拜大海、祭龙王，祈求一年四季风平浪静，渔获丰收。为了深入挖掘海南龙文化内涵，弘扬传统民俗，三亚大小洞天旅游区在三亚市各级单位的指导和支持下，自2005年起已成功举办了十届中国三亚龙抬头节，从中华传统文化体系中发掘南海龙王信仰的文化内涵，引入崖州民歌、临高人偶、黎族八音乐舞、琼剧、儋州调声等丰富多彩的本地民间文化艺术，以及各种各样的海南特色小吃与商品，集中向广大游客展示了海南民俗的丰富形式和独特魅力。大小洞天景区内建有南海龙王原身像和中华第一神鳌，加上中华民族自古以来的崇龙习俗，推出以龙文化为主题的民俗旅游产品，整合了三亚旅游资源，弥补了国内龙文化旅游的不足。龙文化为三亚旅游文化注入了新的活力，对丰富挖掘三亚旅游文化有着积极的意义，龙文化产业大有可为。

区别于其他景区，大小洞天旅游区一直以中华传统文化为主题，并将优秀的中华文化植根于景区的建造、企业的内涵。融合热带滨海的休闲风光，以“人与自然”的结合为主旋律，注重景区保护，着重提升游客游览体验。景区经营管理团队遵循事物发展规律，深谙旅游业发展之道，不断创新超越，追求天人合一，优化内部外部利益相关者的关系，把大小洞天打造成高端、文化深厚、万物相容、和谐共生的旅游休闲度假胜地。

通过对大小洞天龙王景区的建设，全面梳理中国龙文化的传承与发展，弘扬龙的传人的基本精神，在旅游文化中填补国内龙文化旅游空白，打造龙文化旅游第一品牌；建立三亚民俗文化和中华龙文化重要旅游品牌，形成大小洞天新的旅游核心吸引物，对景区的发展具有重要的可持续发展意义；龙文化的大力开发，有利于规范民俗、民间信仰，提卄文化影响力，对南海的民间文化家园守护具有重要意义。

龙王别院的改造遵循生态优先、保护与开发相结合、尊重现状、弘扬地域文化和地区综合发展的原则，以龙文化为主题，以易经文化为灵魂，融合“儒、释、道”等中华传统文化思想，是极具中国文化特色的，集龙文化体验、休闲度假、养生健身为一体的综合型龙文化国际休闲区。

五、人性化管理

受景区的道教文化影响，大小洞天历任领导者也极力在企业内部营造和谐的氛围。关心员工的身心健康，慰藉员工的亲友，动员全体员工学习太极拳，发动全员将其工资的一部分邮寄给年长的父母，以示孝心。带领全体员工尽心尽力提高服务质量，满足游客体验，用最大的热情和诚意服务海内外游客，体现了文化管理理念。

大小洞天根据目标客户特点，实施精准化营销，形成立体的营销推广组合，尤其需要大力加强互联网传播力度；扩大散客比例，形成合理的客户结构，提高人均消费金额；通过企业 APP 客户互动平台，与消费者保持紧密的联系，打造智能商业社区平台；升级渠道，优化渠道结构，建立海外渠道、组团社渠道及地接社渠道组成的多层次、复合型渠道模式；以“龙抬头”活动为发端，以发扬中华传统文化为宗旨，开展相应主题活动；三亚自然博物馆、小月湾生态露营基地等提升了景区文化品位和知名度。优化组织机构，梳理流程体系，建立科学规范的人力资源开发管理体系，形成员工心理契约，最终促进景区快速稳定发展。

“人本管理”理念是大小洞天文化管理的核心。所谓“仁者乐山”，在管理中即“以人为本”。人是环境影响的产物，一流的员工不仅要有一流的业绩、一流的技术，更重要的是要有一流的精神风貌、作风、敬业精神。在大小洞天“人本主义”文化的影响、感召下，员工之间具有很强的团队精神，互相协作，内耗少，一致性强，企业竞争力也较强。

大小洞天的管理模式注重提升景区运营规范，做深做透景区项目；服务更侧重人性化，有效提升服务能力，软硬结合，营造高品质休闲体验；优化客户结构，形成客户金字塔。服务意识已经融入景区管理的每一个角落。自 2004 年体系建立以来，公司质检部门每周均将日常检查情况汇总并发布《质检周报》，现已提出整改问题近 1000 项，整改完成率达到 100%。通过多年的坚持，各部门对《质检周报》从最初的抵触，到如今的接纳，部门经理都已把《质检周报》当作从侧面审视和促进部门工作的“渠道”，克服了自身“当局者迷”的弊端。2007 年初，为了更好地配合 5A 级风景区的创建，大小洞天在全体员工中开展“我是洞天风景线”的活动，号召每一位员工都成为大小洞天的一道亮丽风景。“我是洞天风景线”活动评比标准涉及服务工作的每一个细节，活动推出后，全体员工积极参与，持续至今，每个月评比一次。为保证旅游区 5A 创建工作的有效开展，公司当时专门成立了 5A 创建工作办公室，各小组分工明确，责任到人，制定了工作日程表，将《国家旅游景区质量等级标准》的所有条款研究透，并对任务进行层层分解，工作量化到部门、班组，责任到人，规定时限细化到周、日，每隔一个月自检一次并进行打分，要求全力完成任务。最终，通过公司各层全体员工的不懈努力，海南三亚大小洞天旅游区的名字赫然出现在全国首批 5A 级旅游景区的名单上。

《道德经》说：“天下大事，必作于细。”大小洞天企业的高层管理者认为，实行精细化、规范化、科学化、人性化管理，正是实现大小洞天服务理念的根本，是景区实现可持续发展的基本路径。

在管理工作上，大小洞天推行 PDCA 循环管理模式（计划→实施→检查→处置的管理循环），每一项工作有计划、有实施、有检查、有处置。在大小洞天旅游区经常可以看到挂牌的质检人员在景区进行巡视，质检人员的职责是依据《管理规范》进行现场检查和督促，听取各部门员工和游客、导游的意见，发现存在的问题，及时反馈以促进各部门工作的改进。对较为严重的问题现场纠正或提出整改意见，一直跟踪到完成整改。

2014 年，海南三亚大小洞天旅游区又开始了申请第六批国家文化产业示范基地的工作，公司将进一步提升内部管理水平，优化组织机构，梳理流程体系，建立科学规范的人力资源开发管理体系，着力开展企业文化建设，形成员工心理契约，最终促进景区快速稳定发展。

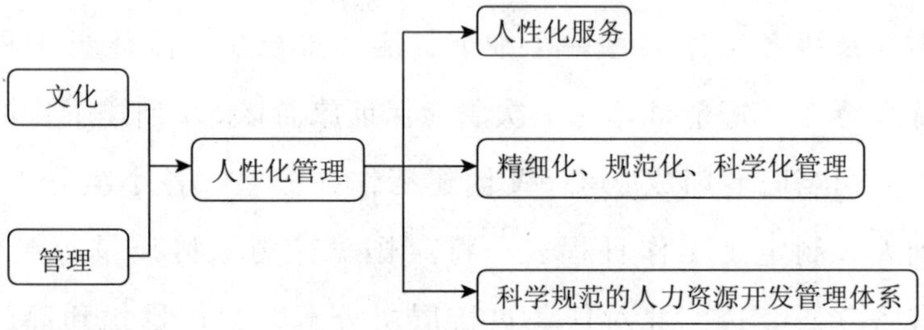

图 9－3 大小洞天文化与管理的有机融合

资料来源：根据调研资料整理而成。

六、品牌美誉度建设与社会责任担当

（一）大小洞天的社会“和谐”文化

企业社会责任是指企业在其商业运作里对其利害关系人应负的责任，其概念是商业运作必须符合可持续发展目标。企业发展过程中除了考虑自身的财政和经营状况外，也要加入其对社会和自然环境所造成的影响考量。企业的文化与企业社会责任是相互促进的关系：一方面，企业构建自己的核心文化时要充分考虑到社会责任，积极主动地承担社会责任，不仅会给企业带来好的声誉，吸引人才，而且能够提高顾客的满意度和忠诚度，使企业获得经济回报；另一方面，企业社会责任感能够加强企业文化的凝聚功能，增强企业文化的激励和约束能力，明确企业文化的发展方向。企业以承担的社会责任来打造自己的强势文化，从而使大小洞天将强势文化注入管理中，更有力地实行文化管理，进而将企业做大、做强、做长久，塑造强势品牌，创造良好的社会效益。

显然，企业文化与社会责任可以相互促进、相互配合，共同促进企业长远发展。市场经济给企业创造了一个自由配置资源、自主经营的发展环境，但企业仅仅依靠提高产品质量、完善服务、增加创新力度等措施是难以完全适应市场经济的要求的，还必须与市场、社会进行有效的交流和融合，履行自身的社会责任，在稳定发展的基础上获得新的竞争力。大小洞天在这方面做出了可贵的探索。公司为了更好地履行企业社会责任，主要推动了“蓝丝带”海洋保护、西部边疆支教、献血扶贫、参与抗震救灾等多项公益活动。

1. “蓝丝带”海洋保护活动

大小洞天在企业发展的同时，倡导企业与员工的社会责任，积极参与各项社会活动，回馈社会。2009 年大小洞天发起“蓝丝带”海洋保护活动，并发起设立“蓝丝带”海洋保护协会，呼吁社会公众了解海洋、呵护海洋，保护人类赖以生存的“摇篮”。目前该协会已有会员单位 47 家，会员数万人。2010 年发起“蓝丝带”海洋环保中国行活动，6 月 8 日从三亚出发，沿中国海岸线一路北行，途经海口、北海、深圳、广州、上海、大连等 13 个城市，7 月 8 日到达终点站北京，历时一个月。整个行程长达 1.8 万公里，是迄今为止规模最大的一次海洋环保活动，可谓是中国海洋保护的一次“万里长征”。活动向全民宣传海洋环境保护的重大意义，同时吸引更多的青少年和社会公众加入环保志愿者队伍，将海洋环保的思想传播到世界各地。“蓝丝带”海洋保护活动充分体现了大小洞天发扬环保意识的精神和天人合一的“海”的文化特征，也是景区可持续发展观的客观要求。

2. 西部边疆支教活动

新疆塔什库尔干县寄宿制小学教育状况远远落后于内地，师资力量严重不足，汉语教师匮乏。在一次偶然了解到该情况后，2011 年大小洞天发起新疆支教志愿活动，同年公益支教服务队正式组建，活动得到企业员工的大力支持，积极投入到支教行动中，取得了实实在在的成效。该公益支教计划连续进行 5 年，每年 2 批，每批 3 人，截至 2014 年 3 月支教活动已成功开展了 6 批次，派出支教志愿者 18 人。据不完全统计，目前累计直接受益于该支教活动的学生有 3000 多名，间接受益者近万名。同时大小洞天积极组织为孩子们捐赠书籍、衣物等，并于 2013 年组织部分师生到三亚，满足了西部边疆师生们看海的愿望。目前，总计为开展支教活动投入资金 50 多万元。这项活动得到塔县政府的大力支持，受到了当地百姓及社会各界的好评，在央视新闻频道、《中国旅游报》等多家新闻媒体上受到广泛关注。该活动开创了海南企业为西部边疆支教服务提供师资力量的先河。

3. 献血扶贫活动

大小洞天在每年的“世界献血日”来临时，都会组织企业员工为红十字会献血，至今已累计为红十字会献血数万毫升。2007—2011 年，大小洞天连续 5 年被评为“三亚市无偿献血先进单位”。同时，从 2008 年开始，公司每年为周边村镇贫困大学生提供助学金。目前，已累计资助贫困大学生 53 名，助学金额共计 106000 元，把温暖送到困难群众手中，为地方的发展做出了应有的贡献。

4. 抗震救灾活动

在特殊时期，大小洞天还举办了特殊捐款捐物活动。2011 年，在海南香蕉大量滞销期间，公司主动发扬团结互助精神，帮助海南蕉农渡过难关，期间共采购香蕉 30000 斤，每日免费向游客发放。2013 年，为帮助雅安人民抗震救灾，发扬“大爱无疆、放飞梦想、爱心传递、播撒希望”的团队宗旨和“一方有难、八方支援”的传统美德，大小洞天党支部、团委、工会和“梦圆帕米尔”支教之家联合发出倡议，开展了雅安地震赈灾募捐活动，善款共计 14281.8 元。西部边疆支教活动、献血扶贫活动、抗震救灾活动均展现了大小洞天在实现景区自身经济效益的同时，不忘回馈社会，体现了道家以天下为己任的“情”和以人为本的“山”的文化特征，成为了大小洞天景区文化管理的缩影。

（二）大小洞天的企业品牌培育

成功企业的品牌战略往往也都是成功的。品牌塑造的背后就是文化影响力——企业品牌是企业文化在社会上的一种映象、一种反射、一种辐射。企业的文化让社会公众、顾客、供应商、政府了解了，让新闻媒体报道了，传遍世界，就树立了企业的形象。所以拥有良好的企业文化，就会树立好的企业形象，好的企业形象不断积累的结果就能变成好的品牌。大小洞天深刻体会并践行着这一规律，以品牌塑造和口碑营销，来双轮驱动景区发展，使得景区营业收入不断提升。

作为中国首批 5A 级风景区，三亚大小洞天是蜜月婚庆的“洞天福地”。这里绵延 1.5 公里的海岸线、热带风情礁石、椰林夕照、复古栈道、原始雨林、欧式小别墅以及依海连天泳池等是婚纱摄影最合适的风景点。据海南省婚纱摄影协会统计，2012 年有接近 20 万对岛外游客到海南拍摄婚纱照。婚纱摄影应该说是海南婚庆经济的第一块敲门砖，游客在海南岛拍摄的唯美婚纱照，就是对海南旅游最好的宣传和推广。目前，大小洞天已与三亚所有婚纱摄影机构建立联系，其中排名前十的婚庆公司与景区建立了长期合作，大小洞天旅游区已经被列为海南省十大婚纱拍摄基地之一，并且已经加入海南十全十美婚庆产业联盟，参与联盟的活动，利用媒体的宣传，展现丰富多元的海南岛蜜月婚庆游产品。在下一步工作中，大小洞天将在拍摄场地增添道具，设计出五款不同风格的场景为婚纱拍摄提供更多的拍摄元素，形成一站式拍摄服务，并在景区增加婚庆特色旅游纪念产品，完善景区配套服务设施，增设化妆间和休息室，设立专门的婚庆部门，提升婚庆产业的产值。企业在充分利用大小洞天“海”的优美自然风光的同时更加注意环境保护，以实现景区可持续发展。

公司引入外延发展理念，不断升级其旅游产业链：①推动景区规划的落地，制定项目进度计划，将游、定、乐、道各项目列入日程；②以中华传统文化为脉络，扩充业务组合，提高游客二次消费机会；③丰富产品档次，提升现有业务（吃、住、行、购）的创收能力。通过以点带面，以大小洞天为依托，整合景区的各方面资源，形成合理的景区布局，另外进行横向扩张，伺机进行产业链延伸，进入旅游地产、酒店、交通等领域，打造旅游控股集团后积极筹划上市，为公司发展搭建资本运作平台。实现资产证券化，从而提升企业价值和股东价值，充分利用股权融资平台，提高债务融资能力，促使品牌、知名度提升，促进市场发展和企业规范运作，吸引优势人才，从而达到“海纳百川，有容乃大”的格局。

七、大小洞天成绩

（一）经济效益

2011年，景区接待游客量98万人次，相比2010年增长19%；实现营业收入9276.81万元，相比2010年增长25%；实现利润总额1320万元，相比2010年增长10%；缴纳税费1354.37万元。2011年团散比例为8.2∶1.8。

2012年，景区接待游客量105万人次，实现营业收入9901.99万元，相比2011年增长6.16%；实现利润总额1706.17万元，相比2011年减少4.49%；缴纳税费1076.77万元，相比2011年增长3.74%；2012年团散比例为7.7∶2.3。

2013年，景区接待游客量93.86万人次，景区实现营业收入9603.28万元，较2012年下降3.02%；实现利润总额1048.89万元，较2012年下降38.52%；缴纳税费1150.81万元，相比2012年增长6.88%；2013年团散比例为5.1∶4.9。

2014年，景区接待游客量126.77万人次，实现营业收入12430.37万元，较2013年增长29.44%；实现利润总额1522.74万元，较2013年增长45.18%；缴纳税费1859.22万元，相比2013年增长61.56%；2014年团散比例为5.7∶4.3。

表9-1　大小洞天的经济效益

年份	营业收入（万元）	利润总额（万元）	缴纳税费（万元）	入园人数（万人次）	团散比
2011	9276.81	1320.00	1354.37	约98	8.2∶1.8
2012	9901.99	1706.17	1076.77	约105	7.7∶2.3

续表

年份	营业收入（万元）	利润总额（万元）	缴纳税费（万元）	入园人数（万人次）	团散比
2013	9603.28	1048.89	1150.81	93.86	5.1∶4.9
2014	12430.37	1522.74	1859.22	126.77	5.7∶4.3

资料来源：根据调研资料整理而成。其中，受到新《旅游法》实施影响，2013 年三亚旅游市场业绩整体下滑。

由表 9－1 中数据可知，企业近年来连续盈利，团散客的比例趋于协调，游客构成也趋于合理，散客入园量逐年递增。可见，大小洞天品牌的社会影响力、知名度和美誉度都在不断地提升，公司发展前景乐观。

（二）社会效益

近年来，公司累计接待国内外领导人、学术文艺界等各类名人近千人；累计纳税近亿元，是三亚市国有企业的纳税大户；景区解决就业总人数达 537 人，其中海南本地员工人数 386 人，占比 72%，有效地解决了当地劳动力就业，促进了周边地区的经济发展；同海南大学三亚学院、琼州学院等多家中、高等院校签署校企合作协议，作为学校的实习基地，已有近 500 名毕业生在此完成毕业实习，综合素质得到较大提升。

凭着深厚的文化底蕴、强烈的环保意识、出色的经营能力和一流的管理水平以及丰富的公益活动，三亚大小洞天发展有限公司创造出了一项项骄人成绩，赢得了广大游客的赞誉。公司先后荣获了“全国用户满意单位”“全国用户满意鼎”“全国五一劳动奖”“全国低碳旅游示范景区”“海南最具影响力十大品牌企业”“海南省优质服务十佳模范单位”“海南国际旅游岛建设与发展特色旅游十大楷模”“游客投票十家最佳特色魅力景区”“海南省现代服务业十大功勋企业”“最具影响力的海南十大旅游景点知名品牌”“海南省企业文明诚信先进（示范）单位”“守合同重信用单位”“海南省文明风景旅游区”“三亚市2013年度海洋环境保护工作先进单位”“2013年度价格受信商家——最佳金牌商家”“蓝丝带海洋保护优秀会员单位”“三亚市旅游标准化试点企业”等80余项殊荣。

案例结语

随着改革节奏日益加快，市场竞争不断加剧。在市场效益和企业利润的双重压力下，不少企业的社会责任意识开始淡漠。如何合理地平衡绩效、利润与社会责任之间的关系，是很多企业不得不面对的问题。大小洞天的文化管理体系或许可以给那些正处于纠结之中的本土企业提供一些借鉴。

大小洞天的文化管理体系首先是“人性化管理”——企业必须本着“以人为本”的宗旨，更好地提高团队凝聚力和员工积极性，彰显“山”之厚重特征；其次是有助于创造企业的“品牌效应”，依托企业社会责任理念塑造健康、阳光、“海纳百川”的企业形象。大小洞天挖掘景区的道家文化，使得景区人文建设和公司运营管理更富有“人情味”，让员工乐业、游客喜欢、周边居民和谐。无论何人、无论何时，在景区内都能感受到浓厚的文化气息和温暖的人文情怀，这也许就是大小洞天的竞争优势之所在。

天涯网的战略转型

采编/撰写：高　健　杨夏平　等

本案例描述了天涯网络社区的发展历程，呈现了天涯网在快速发展、称雄华人网络论坛之后，面对日新月异的新兴媒体时代，为走出困局而推动公司业务转型，开拓出主打“文化”牌的特色转型之路。企业发展过程中，随时面临着不断变化的竞争格局，如何在未来发展中找到前进的方向，让企业在创新大潮中屹立不倒，不仅仅是天涯人，更是所有企业应该考虑的问题。显然，本案例企业对于所有在创新道路上不断前行的企业都具有启迪价值。

一、引言

2015年8月26日，天涯社区在全国中小板股份转让系统（新三板）正式挂牌。申请上市的转让说明书在4月30日被公示到新三板官网，这份上市文件被夹杂在同一天递交申请的400多家公司、总计1600多份文件中。在此之前，这家创立16年、被视作中国互联网Web 2.0时代最重要的公司，新三板上市之路一再受阻。这与天涯网曾为全国最大公共舆论平台的“江湖地位”很不相称。

在微博兴起前，全国有60%～70%的重要事件在天涯上发酵；天涯网培养了中国最早的一批网络意见领袖。当时互联网领域流行一种说法：全民话题，天涯制造；很多社会事件因为在天涯网传播而备受公众关注，如“孙志刚案”“山西黑砖窑案”“重庆钉子户”“乡村教师徐本禹”“陈易卖身救母”“朱令案”“周正龙拍虎”等。不少事件主角更因天涯的媒介传播而改变了命运，如热播电视剧《武林外传》的编剧宁财神（陈万宁）、《明朝那些事儿》的作者当年明月（石悦）、《鬼吹灯》系列小说的作者天下霸唱（张牧野）等，他们因作品被大众追捧而走红，一时名满神州。

从本地门户网站的附属品，到现在以海南为根据地“统一”全国、拥有超过1亿注册用户的大型网络社区，天涯网的成功一方面缘于其顺应了互联网的规律，无心插柳赶上了论坛的窗口期进而突破了发展的天花板；另一方面也离不开创始人对员工宽厚的管理方式和对宽松的网站氛围的营造。天涯自设立之初，就一直倡导“开放、自由、包容、责任、人文、家园”的理念；坚持维护论坛的发言环境，使社区积极、健康，充满生机与活力。在邢明的领导下，天涯较之传统媒体言论尺度相对宽松，不断吸引互联网高端用户群体在论坛里畅所欲言，成为反映中国现状、文化和民生的重要渠道之一。

16 年来，天涯的存在与发展，已经深刻地影响了中国人的思维和交流方式，在国内外具有很大的舆论影响力，是国家十分看重的网络舆情平台，也是代表海南全国影响力的又一张“名片”。然而公共舆论场是一把双刃剑，而且舆论监督并不是邢明心中对天涯的定位。天涯的发展模式与用户之间的矛盾如何调和？社区未来的发展方向和用户的需求应该如何得到更好的解决？为了长久发展要如何创新？天涯网也面临着重要的战略抉择。

二、天涯社区的主要发展阶段

天涯社区创始人邢明 1991 年从中山大学毕业，成为一名普通公务员。1999 年，他“下海”创办了海南天涯在线网络科技有限公司(海南在线)。他运营公司的理念，被外界普遍认可为“无为而治”。基于这种宽松的言论氛围，天涯积累了最初的用户群，这些人大都来自高校、科研院所和新闻媒体，属于中国最先接触互联网并且知识层次较高的一个群体。高端用户、高质量内容、简单朴素的论坛页面成为了天涯社区的内核，奠定了天涯社区成为全球华人论坛的基石。

公司自成立以来，基于用户需求持续创新，不断调整、优化业务模式，注册用户数持续增长。在公司的《公开转让说明书》中，天涯网把其业务发展分为四个阶段。

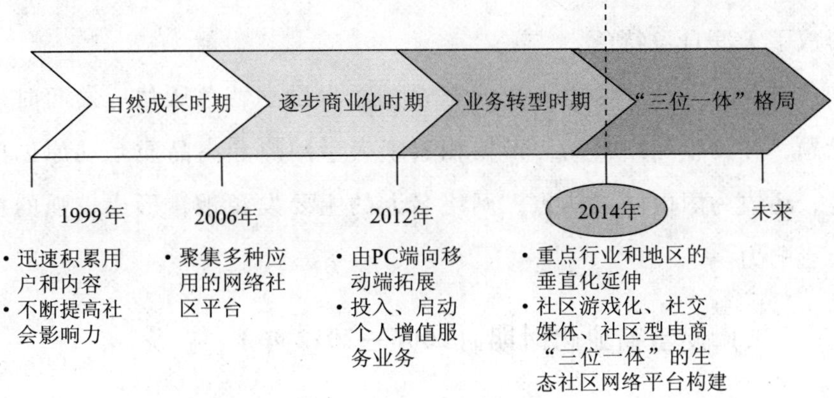

图 10－1　天涯网的成长历程

资料来源：根据调研资料整理而成。

（一）自然成长时期（1999—2005 年）

天涯社区成立初期，仅仅是湮没在众多网站中毫不起眼的网络公司之一。彼时，榕树下、西陆和西祠胡同社区发展得如火如荼。直到 1999 年 10 月末，天涯的注册人数才突破了 1 万人次。导致陷入尴尬境地的原因之一就是天涯自身定位模糊，找不到一个标榜自身价值的突破口。作为社区，天涯当时没有西陆那么强的号召力，也比不得网易的财大气粗。不过，单纯从普通站点的角度来考察，天涯也还算不错——有一批高水准的网友，有固定的登陆人数。

然而，天涯网之后的发展历程和模式，再次印证了网民的巨大力量。1999 年 11 月 27 日，一个名叫"关天茶舍"的论坛版块静悄悄地在社区开办了。这一版块设立的初衷是提供一个可供各领域学者探讨学术的地方，也确实吸引到了众多的学者慕名而来并在这方寸之间展开了大讨论。“关天茶舍”的创办不仅推动天涯在人文思想讨论方面走在了全国的前列，更重要的是为天涯树起了一面旗帜，形成了天涯自身特色。

自此，天涯开始步入发展正轨，逐步设立特色版块、发起时事话题，并调整网站格局，不仅积累了大量用户和高品质互动原创内容，还成为国内网络热点、网络名人的主要发源地，形成较强的社会影响力。

（二）逐步商业化时期（2006—2012 年）

在 2006 年、2007 年，天涯迎来了资本上升的黄金时期。红杉沈南鹏、张帆、周逵，经纬张颖，清科倪正东……几乎所有知名机构的投资人都曾和天涯接触过。在经过一番精挑细选之后，2006 年天涯网拿到了联想、清科的 100 万美元天使投资。又在一年之后，引入了谷歌领投，联想、江南春、张颖跟投的数百万美元 A 轮投资。天涯选择上述投资机构的原因是它们“（与）我们谈起来不那么苛刻，对天涯比较宽厚，没有那么急躁”（邢明语）。2007 年引入谷歌的投资，天涯与这家国际互联网巨头联合做起了产品。刚刚踏入中国的谷歌迫切地想在搜索引擎市场与百度一争高下，为此与天涯联合开发了“天涯来吧”“天涯问答”两款产品，直接与百度贴吧、百度知道等产品相竞争。

天涯在此时就开始孕育资本市场梦想，一边和谷歌开发新产品，一边搭建起了 VIE 架构，开始筹划在海外上市。遗憾的是，随着 2008 年前后的谷歌事件激化，作为公共舆论平台的天涯网也承受着各种压力。在此背景下，天涯网管理团队希望回购谷歌持股，拆VIE，成为中国第一批登陆创业板的企业。但谷歌只接受以IPO价格退出，而此时的天涯网没有能力开价给谷歌。2010年谷歌宣布退出中国市场，并最终同意以溢价190万美元的价格退出天涯，天涯网开始独立运营社交服务“天涯来吧”和问答服务“天涯问答”。之后一直到2011年1月天涯网才完成公司股改，离2009年底创业板第一批公司上市已经将近2年，国内创业板颁布了新的标准，此时天涯已达不到上市要求。同时，因为失去了谷歌的支持，天涯的海外上市过程也被迫中断。

在资本遇阻的同时，天涯不得不同时面对互联网产品的迭代和用户的流失。一方面，随着技术进步，做论坛的门槛大大降低，大量论坛涌现，高峰时期达到160多万个，导致天涯的用户分流；而微博、微信等新兴媒介也对天涯造成很大冲击。另一方面，天涯缺少的技术基因，明显制约了天涯的发展。天涯在互联网产品基因上先天不足，在用户体验方面一直未能做到与时俱进，还常以用户习惯来搪塞用户体验的改进。没有根据用户习惯和需求的变化，持续改进产品体验，使得天涯社区的客户黏性不断下降。逐渐意识到发展存在问题的天涯开始尝试战略转型和业务改造。

（三）企业转型时期（2013年至今）

2013年，天涯开始尝试业务转型。当年发布了“天涯社区—微论”无线客户端正式版，并在不断进行技术改进后于2014年8月上线4.0版客户端。新版客户端以“优阅体验、生态社区”为指导思想，在用户体验、兴趣社交、社区游戏化等方面进行重点打磨。一方面通过优化关键环节，使用户能享受高速无缝的移动兴趣社交体验，提升用户价值；另一方面通过重构产品结构，为未来的发展搭建一个坚实的基础平台。之后公司持续加大研发、人员等方面投入，重点部署移动兴趣社交平台建设，形成了以 Web 端“天涯社区”和移动端“微论”“天涯日报”“天涯客”为发展重点的立体平台结构；围绕“社区游戏化”“社区型电商”进行转型升级布局，推出了奖励性众筹——打赏、“天涯客”旅游电子商务平台、“涯叔农场”农产品电子商务服务等新兴业务，实现了商业模式从网络广告营销业务向互联网增值业务转型。

到 2015 年 3 月，天涯社区的注册用户已经超过 1 亿人次。拥有大量高忠诚度、高质量用户群所产生的超强人气和互动原创内容，被誉为“中国互联网的通讯社”，是国内独树一帜的以论坛为基础应用的大用户综合网络平台。在同年的 Alexa 排名中，天涯的排名上升至历史最高位，在全球互联网综合排名中列第 59 位，在中文综合网站排名中列第 10 位。可观的流量排名客观显示出了天涯在当前互联网发展环境中所具备的价值和良好的发展势头，但要真正成为互联网的王者，这还远远不够。

三、天涯网的艰难转型

经过内部讨论后，天涯公司内部达成一致意见：作为一个老牌互联网企业，天涯必须要开始创新转型。2012 年前后，公司的广告业务已经碰到了天花板，天涯网迫切需要新的运营模式：这种模式既能改善网络用户体验，又能给企业发展带来可观营收。

天涯网在 2013 年被命名为国家文化产业示范基地及海南省文化产业示范基地，从而在文化产业实施方面可以享受一系列优惠扶持政策。公司主营的文化项目之一——天涯 IP 运营及交易平台（网络出版业务）获得 2013 年海南省文化产业发展专项（立项名称为“天涯数字阅读平台”），社区游戏化又入选国家文化产业示范基地升级改造项目。因此公司决定从这两个方面着手，选择平台模式，深入挖掘文化产业中的潜在价值。有平台就意味着有多元的收入模式，对于当时的互联网公司而言，相比垂直型的应用（APP），更有价值的还是大用户平台。

实际上，天涯网在转型过程中面临着较为艰难的局面。财务数据显示，2013—2014 年两年，天涯社区连续亏损（见表 10－1 和表 10－2）。

表 10－1　2015 年公司股票定向发行前后的募资情况

项目	定向发行后	定向发行前		
	2015 年 1—6 月	2015 年 1—6 月	2014 年	2013 年
营业收入（万元）	6118.34	6118.34	10410.48	10717.88
营业利润（万元）	-1683.10	-1683.10	-4465.82	-3161.33
净利润（万元）	-364.09	364.09	4465.82	-3161.33
总资产（万元）	18909.88	14910.88	12013.43	12236.26
合并所有者权益（万元）	5329.63	1330.63	494.70	2906.55
母公司所有者权益（万元）	6869.27	2870.27	2782.98	3597.68
每股净资产（元/股）	0.57	0.15	0.05	0.32
流动比率（倍）	0.95	0.57	0.45	0.87
速动比率（倍）	0.92	0.55	0.41	0.84
资产负债率（合并）（%）	71.82	91.08	95.88	76.25
资产负债率（母公司）（%）	74.34	87.40	87.40	77.23

资料来源：根据天涯网提供的资料整理而成。

表 10－2　2013—2014 年公司财务报告

项目	截至 2014 年 12 月 31 日	截至 2013 年 12 月 31 日
资产总计（万元）	12013.43	12236.26
股东权益合计（万元）	494.70	2906.55
归属于申请挂牌公司的股东权益合计（万元）	－4076.80	－48.68
每股净资产（元）	0.05	0.32
归属于申请挂牌公司股东的每股净资产（元）	－0.45	－0.01
资产负债率（母公司）（%）	85.95	77.23
流动比率（倍）	0.45	0.87
速动比率（倍）	0.41	0.84

资料来源：根据天涯网提供的资料整理而成。

天涯网在 2013 年亏损 3161.33 万元，2014 年亏损更是达到了 4465.82 万元。难看的财务数据，让天涯管理团队认识到：要跟上互联网的创新速度，开发新产品的研发投入就不能省，必须探索出一条适合自己的商业模式。

四、转型后的主营业务

经过管理团队的反复论证、讨论，天涯基本确定了公司未来的发展以网络文学产业链为核心业务，以基于大用户平台运作的其他业务为辅，向“社区游戏化”和“社区型电商”的综合商业模式转型。

（一）基于网络文学产业链的核心业务

天涯网络文学产业链大致包含 5 个关键要素（见图 10－2）。

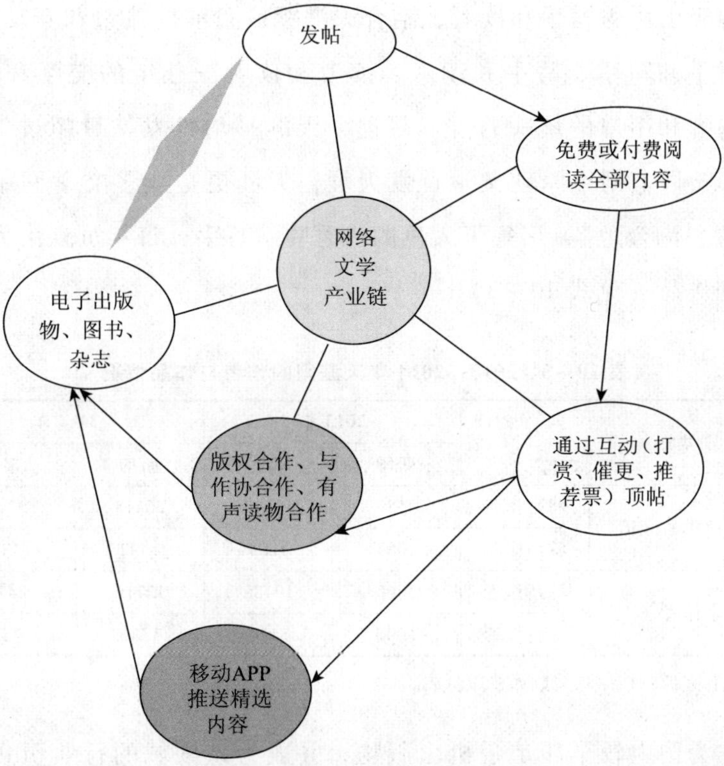

图 10－2　网络文学产业链

资料来源：根据调研资料整理而成。

1. 出版发行

天涯社区有着丰富的互联网原创文学资源内容。建站 16 年以来，始终是网络原创的沃土。2004 年，天涯文学与中国移动联合打造了“中国手机文学第一门户——E 拇指文学艺术平台”。2008 年公司建立原创网络出版平台——天涯读书（ebook. tianya. cn），依托天涯社区强大的用户资源及内容优势，为天涯用户提供高品质原创网络出版物。天涯自助数字阅读平台于 2014 年 4 月初正式上线新版，该版本构建了天涯精品收益阅读的聚合平台，旨在整合天涯精品内容吸引优秀写手和读者，结合天涯社区目前的流量和互动资源，强化写手和写手、写手和读者、读者和读者三条链的交互和传播，实施内容和用户的统一管理。目前，天涯平均日发帖量超过100万份，70%以上网络原创文学首发天涯，天涯更是众多文学网站和出版社的“淘金地”，聚集了大量的优秀驻站写手，每年贡献出大量优秀原创作品（见表10－3）。

表10－3　2013—2014年天涯网的作者与作品情况

分类	项目＼时间	2013年		2014年	
		新增	累计	新增	累计
原创文学作品（篇）	驻站作品	3589	11803	26118	37921
	签约作品	1083	3283	1592	4875
原创文学作者（人）	驻站作者	3065	10488	13718	24206
	签约作者	1000	3114	1336	4450

资料来源：根据相关数据整理而成。

作为国内较早涉足手机出版物，并成为该领域的行业引领者之一的天涯社区已形成了一整套操作规范与流程。基于手机出版物和互联网出版领域多年经验，依据网络出版发展的特点，目前天涯社区的网络出版业务规划是：以互联网电子出版物、手机出版物、互联网文学出版物为核心，同时覆盖互联网图书、互联网报纸、互联网杂志、互联网音像出版物、互联网教育出版物等多个层面。

2. APP推送平台

移动互联网是近几年来的一个热门话题，在短短几年时间里，已渗透到社会生活的方方面面，虽然它仍处在发展的早期，却已产生了巨大影响，“变化”是其主要特征，革新是它的主要趋势。天涯作为传统的互联网企业，首要任务就是和互联网融合，催生新的应用。外界对于天涯的诟病多数集中于在新兴媒体的围攻下其影响力的下降。移动端APP具有的多重优势成为众多网站青睐的原因：首先，它能够有效提升企业品牌知名度，提升企业形象；其次，“小而美”的界面设计集中了最精华的内容，用户体验更佳；再次，用户使用频率高，促进了企业和客户间的交流互动；复次，随时随地可登录使用，用户黏性强；最后，快速提升用户数量，营销推广效果好，有助于提升业绩。无论从哪一方面看来，开发移动端APP都势在必行。在开发过程中，公司要注意几点问题：一方面需避免盲目开发，在展开移动营销前先逐步地了解移动互联网市场，找到最值得信赖的合作伙伴，以自身需求为出发点，根据自身实际情况、行业分析以及对手分析，量身打造最适合自己的移动营销方案。另一方面，在APP营销上，充分利用网民的传播作用，最重要的是将富于自己产品特点的APP植入到用户手机中，把用户最关心的内容推送出去。

（二）基于天涯平台的衍生业务

大用户平台本质上就是互联网商务中的中介商，其目的只是为了收取佣金，本身并不从事生产或经营。这一平台的核心竞争力一方面在于用户流量，另一方面与所提供的商品和服务的独特性有关。如果买者和卖者都能感知中介服务商带来的价值，那么中介服务商就可以获利。天涯集合了自己的优势资源，针对特色用户提供特色服务。

1. 旅游电子商务

基于海南独特的旅游资源，公司将网络创新营销与海南旅游结合起来，着手研发智慧旅游系统与社会化电子商务平台。2012年，天涯客旅游社区诞生。作为天涯旗下的旅游社区，致力于为全球旅行者提供互助分享平台和可靠的旅游服务。在天涯客所提供的平台上，已经完成旅行的用户可以分享旅途故事，发表旅行攻略。将来计划旅行的用户则可通过关键字搜索来获取自己想要的信息，同时网站可以通过搜索记录自动匹配信息，提供符合条件的内容。此外，用户还可以在网站上寻找志趣相投的旅伴、结识当地朋友；若习惯自己安排旅行则可以享受天涯客提供的机票、酒店、度假等优质旅游服务。为了让线下和线上有机结合，公司还专门成立了智慧旅游运营实体——海南天涯客在线旅业有限公司，在三亚创立了“天涯通智慧旅游技术研发中心”，并在海南、广西、新加坡等旅游目的地展开了落地实践。

2. 社区游戏化运营

随着市场多元化的发展，各行各业的厂商均开始涉足游戏业。游戏娱乐既可让人享受到和朋友团战的乐趣，也可作为短时间放松的选择，即使在网络发展出众多功能的时代，仍然成为许多网民上网的主要目的之一。中国的动漫远不及日韩，在海南更是毫无优势，天涯可以将比较有优势的社区游戏作为未来的发展方向。目前公司正在开发的以天涯为背景的虚拟世界游戏，将天涯文化完美地融入到了传统游戏当中。天涯的 ID 本身就是一种马甲文化，也是一种角色扮演、网络人生、游戏人生，因此，把天涯当成一个大的虚拟世界再合适不过。

五、天涯主营业务运营情况

从公司目前的运营状况分析，广告是天涯每年营收的重要支柱。因此，天涯文学在未来的发展中不会舍弃广告收入，反而将会逐渐提高网络在线广告的投放比重，并且通过天涯社区独有的生态营销，使广告投放更加有效。此外，天涯要逐步形成独具特色的模块，经过一段时间发展之后，逐渐成为网站盈利的重要组成部分（见表 10－4）。

表 10－4　2013—2014 年天涯网收入结构变化

产品	2015 年 1—5 月		2014 年		2013 年	
	金额（万元）	比例（%）	金额（万元）	比例（%）	金额（万元）	比例（%）
网络广告营销业务	1177.69	27.78	3963.99	38.08	4537.92	42.34
互联网增值业务	2909.81	68.63	6091.75	58.52	6179.96	57.66
其他业务	152.09	3.59	354.74	3.41	—	—
合计	4239.59	100.00	10410.48	100.00	10717.88	100.00

资料来源：根据相关数据整理而成。

（一）网络文学产业链的收益情况

1. 通过发帖增加流量

网友发帖之后，大部分帖子均可被所有人看见，部分帖子经设置后付费可看，同时 VIP 用户可以享受到更友好的用户页面和良好的阅读体验。在帖子中已上线福利互动功能，如“打赏”“催更”“推荐票”等，读者可以通过自己喜欢的方式向各自支持的作品予以赞赏或给予物质奖励，自这样的互动推出之后，天涯社区的充值用户增长量呈井喷趋势（见表 10－5），对于该过程中得到的收益，天涯与作者将进行福利分成。

表 10－5 网站流量及其他

年份	月均 PV	月均 UV	月均充值用户	充值用户	人均 ARPU 值
2013	2106478	392003	71	852	10
2014	17814987	2536823	3670	44031	30

资料来源：根据相关数据整理而成。

2. 传统出版合作

在出版合作方面，天涯已与时代华语图书、中国文联出版社、新世纪出版社、重庆出版集团等出版机构达成协议，并在近几年先后出版了几十部优秀作品，如《复活密码》《致命游戏》《唐朝那层窗户纸》《挑灯看南朝》《别和她说话》（原名：《暗示》）、《深圳，没有勇气再说爱》等，为签约写手建立作品实体出版渠道，在此过程中天涯收取服务费及推荐费。除了保持自身平台的优质内容，天涯也在时刻关注引进优质资源。天涯文学目前与国内10多家独具竞争优势的平台开展了深度合作，如塔读、腾讯、中文在线、品读者、凤鸣轩等合作伙伴，并引进优质版权作品数千部。

在与各地作家协会的合作方面，天涯与海南、武汉等多地作协合作交流，签约作协作家，引进批量内容。其中与海南作协2012年共同举办了“海南作家网络写作交流与传播服务座谈会”。考虑到用户中“通勤一族”的需求，人们会更愿意在上班路上听而不是看自己感兴趣的内容，天涯与有声读物积极联盟，牵手“央广之声”等多家有声读物制作公司进行了作品音频版权改编合作。

除了自有APP的运营，天涯与国内三大电信运营商均达成了渠道内容合作。公司定期向运营商提供手机数字阅读内容，进行平台稿酬分成，实行按月结算，并向国内外优质渠道推广网站提供精品付费阅读内容；同时，天涯吸收国内外众多原创平台的内容，开展阅读专区深度运营等，取得了不错的效果（见表10－6）。

表10－6　渠道内容合作项目的收入情况

单位：万元

年份	天涯读书	合作渠道（含运营商）	总额
2013	4	196	200
2014	135	230	370

资料来源：根据相关数据整理而成。

3. 多元化的出版模式

通过对原创优质内容的筛选和整理，距离读者习惯阅读的电子出版物形态就不远了。目前天涯采取的出版方式包括互联网电子出版物、互联网图书和杂志。

天涯互联网电子出版物主要以多媒体出版为主，通过用户原创或出版社合作，将传统的文字内容进行数字化处理，通过自有或合作渠道进行制作推广；凭此，天涯成为国内主要的电子出版物提供方之一。

通过与各类出版社达成的良好合作关系，天涯的互联网图书数据库也越来越充实。天涯自己创办的原创型网络杂志《天涯文学周刊》《天涯周刊》以及与中国闪小说学会合办的文学杂志《当代闪小说》创刊号均是业内较为著名的网络杂志。前者是天涯文学一周上架文学类内容的聚合和推荐，后者是天涯社区一周精华内容的整合与推荐，周刊内容筛选原则是依托社区网友点击及评论数，两者内容均来源于天涯阅读的版权作品内容，通过编辑筛选与推荐进行社区推广。

（二）衍生增值业务的发展状况

1. 旅游电子商务

天涯客旅游网在诞生的同时启动了面向全球的旅游云服务和大数据平台建设。到目前为止，天涯客上已沉淀了33万个结伴信息、20万个旅游目的地资料，以及近百万篇游记文章。公司计划用五年左右时间，实现各主要旅游目的地“吃、住、行、游、购、娱”品质旅游商家的覆盖，通过市场推广和代理驱动，预计到2018年将吸引百万旅游商家会员进驻，为天涯带来由直销联盟会员费、交易分享及相关广告收入构成的百亿元级收入，并在海南带动形成上千亿元交易额的旅游电子商务产业和面向全球的旅游大数据服务平台。

此外，2014年11月，天涯社区携手贵州旅游局打造“云上贵州—智慧旅游云”，搭建起贵州智慧旅游云与大数据基础平台。工程由智慧管理、智慧服务、智慧营销三大应用体系和公共技术支撑系统四大部分组成，涉及政府、旅游要素企业、信息技术应用服务企业、游客等诸多方面，是一个助推旅游产业升级发展的整体综合效益系统工程。天涯社区以16年的旅游信息化服务、大数据平台建设、电子商务应用开发和运营经验结合相关研发应用成果助力贵州智慧旅游云的建设和整体运营，从而带动贵州旅游产业升级和企业创新。

2. 社区游戏化

与天涯社区结合所达到的游戏化效果十分与众不同，网友可以通过“打赏”“催更”“推荐票”等游戏化的方式与作者在网络虚拟环境中进行互动，这种全新的互动方式将游戏与商务有机结合起来，在用户实现自我愿望的同时创造经济价值。目前运营效果最好的是天涯在2013年7月推出的社区游戏化产品——打赏系统，经过半年的开发测试，2014年1月正式上线运营。在打赏服务中，天涯与作者分享来自虚拟道具销售的部分收入。作者收到的虚拟道具用赏金作为计算单位，用户被打赏赏金在积累到一定量的时候可以根据比例兑换成人民币。从用户交互体验意义来说，打赏是网友出于对作者某种意义上的喜爱与赞赏，比如倾慕其风采、喜欢其故事、敬佩其品格等，而对作者无偿捐献具有一定经济价值虚拟道具的一种网络行为。必须注意到的是，打赏最大的意义在于增进了作者与粉丝间的联系，促进双方间互动交流，最大限度地调动作者创作热情和网友的参与热情。而网友的打赏会给予作者的无私创作（或行为）以一定的经济补偿，网友可以用自己的一分心意支持自己所喜爱的作者的梦想与坚持。

打赏系统自运营以来，短时间内风靡整个天涯论坛。2015年第一季度总收入达到233.66万元，已超过2014年全年总和，环比2014年第四季度增长了144.00%，同比2014年第一季度增长了40倍，预计2015年全年打赏收入将超过1000万元。2015年，打赏系统开始进行第二期的升级工作，大力推广网络版权、公益、旅游、问答等方面的业务，扩展更广泛的用户群体。同时，天涯启动商家打赏系统，打造一个创新型的游戏化互动营销工具，将社区、用户、商家之间的行为关系、互动关系、利益链条有效地链接起来。

六、天涯网新运营模式评估

（一）新模式的亮点总结

1. 网络文化产业链业务

首先是低成本运营。文学产业链的特点是以文化为核心资源，品牌知名度、与客户之间的信用关系同时决定企业的成败，在整个链条中，无形资产起着更为重要的作用。同时由于不涉及实际产品与服务，对网站本身的经营要求比较低，主要为交易平台的费用支出，所需的经营投入相对较低，一旦形成行业领导，规模将不断扩大，可形成持续稳定的低成本运营状态，成为一种轻资产的模式。

其次是产品定位精准，交易规模有保证。公司要想实现盈利，必须在正确定位有价值的客户人群的基础上，提供客户真正想要的价值来吸引他们，达到一定的交易规模。早期很多互联网企业的倒闭就与客户量不足、交易订单数量形成不了规模效益，致使企业运营成本巨大而不堪重负有重要关联。

天涯社区在选择网络文学的方式上不是按照编辑的喜好来决定，而是由网友票选得出，这不仅使产品的质量有所保证，而且因为对不同的客户可以根据其需求差别提供不同的产品，在保证交易规模的前提下，更在维护客户的数量和稳定性上加了一把安全锁。

2. 衍生增值业务

首先，客户优势转化为交易双方优势。天涯社区的商务平台作为交易中介的角色，由两种类型的群体组成：一端是出售产品或服务的提供者，另一端是购买产品或服务的最终消费者。它为交易的两端寻找契合点，并提供网络交易场所，促成买卖达成，从而收取单笔微薄的交易抽成费。所以，客户数量对价值网络型企业具有至关重要的影响。由于网络交易平台可以使不同地域的用户在任何时间进行交易，所以短时间内就能聚集大量用户，其用户增长往往以非线性方式增长。而用户数量正是天涯已经具有的优势，并且在深度和广度上都有很好的体现，顾客互补性较高。已经赢得一方顾客，另一方的加入也就变得相对容易了。

其次，服务范围广，开发潜在利益。天涯社区在旅游电子商务和社区游戏化中的角色独立于产品（服务）的提供者与购买者，在交易双方、当事人之间充当着中介角色，通过提供一个在线交易平台，为交易双方提供订约机会，如果参加交易的双方能感知中介服务商带来的价值，那么它就可以实现盈利。在互联网发展迅速的背景下，平台所能覆盖的地域范围更广，网络规模更大，网络外部性的效果发挥也更快。

在平台运作过程中，天涯通常本身不直接盈利，而是通过提供交流平台及其管理美化或相关技术支持等服务活动促使交易双方达成交易，从中收取佣金和服务费以获利。另外，交易平台受网络影响最大，聚集着大量潜在有价值的客户，可以通过各种渠道展开广告业务，挖掘其广告价值，提前拓展今后的收入来源。

（二）新模式存在的主要问题

公司作为国内具有较大影响力的互联网文化和科技公司，一直在竭尽所能积极参与网络文化建设，为建设繁荣、文明、活泼、有序的互联网文化和言论环境做出了贡献。凭借着多年的基础和影响力，确实在一定程度上促进了网络文化的发展。但是随着业务不断地增加，问题层出不穷，公司在应对时也显得捉襟见肘。

1. 资金困境

资本特别是流动资本匮乏是天涯的致命弱点。说天涯没钱，又有钱，作为一个社区，有如此高的知名度和先发优势，完全不需要多少运营费用。但是，开发项目所需的研发投入单单靠之前的盈利模式来支撑是完全不够的。虽然项目后期所需资金逐渐减少，但营业收入也有大幅度下滑，研发投入还需持续一段时间，因为缺乏资金而导致项目停滞造成的损失是不可估量的（见表10－7）。

表10－7 公司的研发投入情况

项目	2015年1—5月	2014年	2013年
营业收入（万元）	4239.58	10410.48	10717.88
研发投入（万元）	342.14	1261.85	1685.52
研发投入占营业收入比重（%）	8.07	12.12	15.73

资料来源：根据相关资料整理而成。

如果说靠资本运作，天涯在错过第一批上市新三板后，虽然目前已经挂牌，但与当年的盛世相比，确实不可同日而语。因此即使变回国内架构，却鲜有国内资本支持。作为综合性的论坛，天涯正在运营的可盈利项目投资回收较慢，收入不能弥补支出，财务报表反映出的企业资本运转状况并不乐观。

2. 政策困惑

一方面，我国国家政策一直倾向于支持发展实体经济。长期以来，对互联网企业发展的重视程度不足。近几年，虽在逐步改善互联网的发展环境，但效果仍不显著。与实体企业相比，涉及互联网的法律法规仍不健全，互联网企业在审批立项等诸多方面会受到明显的限制，这在很大程度上制约了互联网企业的扩张发展。另一方面，资本市场发展歧视互联网企业。由于害怕承担坏账风险，银行业一般不愿将资本贷给名气不足的新兴互联网企业，有的银行甚至设定门槛将相当一部分企业拒之门外。公司现在虽然进入了新三板，可以利用市场融资，但是体制仍不完善，限制重重，受益者有限。而且由于存在制度漏洞，股市波动较大，存在很大的不确定性。这些对于想要审慎经营的互联网企业是十分不利的。

3. 人才匮乏

人才的缺乏自始至终伴随着天涯。造成这个问题的原因多种多样，首当其冲的是公司内部管理模式不健全。天涯在其发展初期，基本没有投资者，所以对于管理者来说没有来自投资者的压力，整个网站全在创始人的掌控之下。而邢明毕业于中文系，又是公务员出身，在管理方式上不可避免地带有行政色彩，奖惩手段太过温和，有价值的员工没能得到足够的激励，表现差的员工也没能按照市场竞争规律优胜劣汰。甚至当年天涯发展到在已拥有3500多名员工的规模时，还会因为不能按时发工资而遭到员工调侃。如此管理不仅让普通员工对公司有所抱怨，更是直接导致了核心员工的流失，很多部门的负责人选择离开创业或被阿里巴巴、腾讯等公司挖走。而目前市场上合适的互联网方面的人才规模较小，尤其海南的互联网产业仍不发达，对人才的吸引力不够，出现缺口后不能很快补足，制约了公司的发展。

案例结语

天涯公司作为具有国内较大影响力的互联网文化和科技公司，一直在竭尽所能积极参与网络文化建设，为建设繁荣、文明、活泼、有序的互联网文化和言论环境做出了贡献。凭借着多年的基础和影响力，确实在一定程度上促进了网络文化的发展。

海南是孕育文化创意产业的一方沃土。对于文化创意产业，海南也出台了很多政策，并开始尝试在新媒体和网络文化创意产业找到新的发展亮点，而天涯网以其在海南的重要地位来说更是当仁不让，成为中坚力量。虽然天涯最初的全国性影响力在逐渐减弱，但只要其核心价值还在，天涯就永远不会被取代，用户的习惯在短时间内很难改变。所幸我们看到，天涯网正在不断调整自己以赶上快速更迭的网络潮流。虽然这一进程略显缓慢，但现下说天涯已老仍为时过早。不管转型有多难，天涯会一直勇往直前，像个老朋友一般，永远陪伴在网友身边。

海南春光食品的营销渠道建设

采编/撰写：高　健　汤司源　等

本案例描述了春光食品有限公司以创新为信仰，不断在产品的生产方面进行创新，通过创新销售渠道增加产品销售量，把直营店、专营店、店中店等传统营销渠道与以网络电子商务为平台的现代营销渠道相结合，探索公司的营销渠道建设。经过十几年的发展，作为海南“第一手信”品牌，春光食品已占据海南特色食品行业的大部分市场份额，其营销体系和渠道建设值得学习和借鉴。

一、引言

海南国际旅游岛的建立，吸引了来自世界各国的游客。上岛游客来海南旅游的三个目的：“吹海风”“吃海鲜”，还有就是一定要买到正宗的海南“第一手信”——春光食品，可见春光品牌的社会影响力。游客们常常会在不经意间巧遇春光，超级市场、机场、酒店、特产专营店……春光总是在游客看得见的每一个地方默默守候着。春光品牌的糖果等食品，以海南“第一手信”的美名畅销海内外，其触动味蕾的甜蜜口感，赢得了无数消费者的青睐。

那么，春光食品究竟有什么魔力？又是什么让春光品牌美名远扬，拥有如此大的销售规模、如此庞大的消费群体？本案例将全方位呈现海南春光食品有限公司（以下简称“春光”）的独特营销渠道建设。

二、关于春光

（一）公司基本情况

文昌市春光食品有限公司是一家生产经营海南特色食品的本土企业，诞生于1996年。东郊椰林既是海南著名的旅游景点，吸引了来自国内外的游客，又成为春光集团坚实的生产基地。这里因受到海洋性气候自然条件的影响，高温、多雨、阳光充足，再加上海风的吹拂，形成的椰子品种多样，口味也更是超凡脱俗。红椰、青椰、高椰、水椰……每年椰子的产量占到全省的一半以上，于是便有了“海南椰子半文昌，文昌椰子半东郊”的说法。公司依托东郊椰林独特的资源优势和地域优势，以生产经营海南特色食品为主导方向，顺应当前所提倡的天然、健康、绿色、环保的生活理念，运用海南特有的纯天然原材料，开发出近十大系列200多个种类的产品，深得国内外消费者的厚爱。在国内省市销售的同时，产品还远销英国、美国、新加坡、中国香港、中国澳门等国家和地区，开拓了国际市场，为今后进一步出口奠定了基础。

公司经过近20年的发展壮大拥有了现代化的生产基地——春光食品工业园（占地面积60亩）；员工从公司建立初期屈指可数的若干人扩展到近千人。此外，公司在琼海设立了专门从事椰子生产观光的琼海春晖实业有限公司，使消费者以愉悦的心情，了解食品生产的全过程，让消费者买得放心、吃得舒心。随后又在三亚投产建设了三亚春光椰子文化观光园，以及三亚怡然兴隆咖啡文化观光园，扩大公司规模的同时打造公司品牌形象。为迎接国际旅游岛的建设，提升旅游购物平台，春光食品还投巨资设立琼海、三亚两个集椰子加工观光为一体的海南特产旅游购物基地。

（二）品牌塑造的故事

品牌是什么？品牌代表着什么？无数产品可以被竞争者模仿，但品牌却是独一无二的。品牌作为企业的一种无形资产，代表着企业的综合实力和竞争力。春光自公司品牌成立那天开始，自觉担任起海南文化传播形象大使，肩负海南旅游文化交流的使命——以一种搏击云天的襟怀、一种责任与担当的情怀，融入时代发展的滚滚洪流。

春光集团的创始人创立品牌的目的是把海南岛的椰子产品卖到世界各地，让更多的人了解海南，熟知春光。刚开始，春光凭借东郊椰林特有的椰子资源优势和正宗的椰乡文化，品牌塑造初见成效。为进一步拓展品牌形象，突出春光自己的品牌特色，春光公司不惜花费巨资聘请国外经验丰富的技术专家，引进世界尖端生产线，以改进自身产品包装、口味、制作成效，坚持做海南特色产品的第一人。

成长的过程总会出现风风雨雨，经历过才会懂得其中的艰辛，才会长大。2011 年，湖南曾出现高度仿冒春光椰子糖等食品，让春光品牌蒙受损失。为捍卫公司品牌形象，总经理黄春光决定亲自取证，他率领员工及文昌市公安局经侦队等，一行 20 多人奔赴湖南长沙，在当地公安和工商部门的协助下，最终找到了制假窝点，可谓天网恢恢，疏而不漏。在长沙期间，他还亲自拜访终端销售渠道人士，使他们认识到“假春光”的坏处，为自己的品牌重新找回尊严。

每一个百年品牌，都有其永葆青春的秘诀，但背后也有两个共同的特征：一靠质量，二靠服务。其实质是靠产品和人品，那些所谓的关系、小聪明、小技巧都不是长远之计。在产品的生产方面严把质量关，在售后服务方面要求每一位导购员都要保持职业化的良好素养，无论顾客是谁，都要以亲和可信的姿态为对方提供力所能及甚至顾客意料之外的服务。正是因为春光为每一位顾客负责，坚持顾客至上，它的“粉丝”才遍布全国各地。在第十七届中国国际广告节上，春光食品从近百家参评商家中脱颖而出，荣获“消费者信赖的中国著名品牌”称号。没有服务，春光就不能如此深入人心；没有服务，春光就不能如此茁壮成长。

三、春光的创业之路

（一）艰难创业

“我一辈子就做一件事，那就是做椰子产品。”作为国内椰制品龙头企业的掌舵人，黄春光的梦想是坚持做海南的特色手信产品，争取在5年内将海南春光食品有限公司打造成为中国椰子食品行业的航母。

黄春光出生在海南著名的椰子之乡——文昌，高中毕业后进入椰子加工厂当学徒。那时候他每天要做的事是把煮好的椰子糖趁热用手飞快地拉成一条拇指般粗细、40厘米长的糖条，传给下一道工序切割成颗粒糖果。20世纪90年代，年轻的黄春光随父亲做贸易，把海南的椰子运到内地销售。但是，他发现做椰子原果生意利润薄、收款难。后来，他以仅有的3万元创办了春光食品。

从一个小小的家庭式作坊，到成为椰子食品行业的龙头企业，黄春光尝尽了艰辛。一次，他晚上7点去发货，凌晨2点才赶到湛江徐闻，而等发完货回到海口已是凌晨5点。春光食品的老员工回忆说，创业初期，所有的事情黄春光都是亲力亲为。

后来，黄春光成功地研制生产出了保鲜椰子片、椰子奶等椰子系列半成品，并销往广东、广西、福建等地，深受食品厂商的欢迎。尝到甜头的他，不再甘心为别人提供半成品，他要生产自己的产品，创立自己的品牌。1996年，黄春光创办了文昌市春光食品有限公司。

刚开始时，春光生产出来的产品很少有人能接受，只得在街头摆摊设点叫卖，从文昌到海口，穿乡过市。几年的风雨沧桑，凭借着不屈不挠的精神和优质的产品，春光生产出的产品终于开始被市场所接受，有了稳定的销路，迈出了创业初期坚实的一步。“用心做事，做得比别人好，必有回报”，坚信这一点的黄春光，开始一步一步打造自己的椰子产业王国。

（二）在危机中成长

春光很早就已登陆国内市场，最初为了打开销路，将自己的产品定位为低端的年货糖果。只卖产品，不太注意客户，未将春光椰子类糖果的独特竞争优势发挥出来。就这样，从2001年到2003年，春光的岛外销售额惨淡，始终徘徊在几百万元，还不到岛内市场的零头。春光岛外市场总监田沙沙分析，主要是登陆策略上存在两个失误：一是产品定位失误，二是目标市场定位失误。

公司针对上述问题，开始尝试改变产品定位，将产品的定位向行业内高端产品阿尔卑斯、大白兔看齐，将春光打造成休闲食品，成功地自主研发了特制椰子糖，将生产椰子糖的现代工艺与百年配方进行结合，由此掀起了春光的第一次技术革命。突出了产品特色，从超市渠道入手，走中高端销售路线。在区域市场里面做强做大，扩大卖场的影响力。最终春光以迅雷不及掩耳之势，迅速向华东、华中等全国各大市场扩张，岛外销售额迅速提升，也让春光品牌广为人知。

2002年，春光食品通过国家卫生检验检疫局出口产品卫生检验，获得“出口产品卫生注册”及食品安全QS认证。随后，又引入了国际标准ISO9001质量管理体系认证，实施HACCP管理体系。

2007年10月，一个投资上千万元、利用先进的喷雾干燥技术生产椰子粉等水果粉的新型热带水果深加工项目建成，填补了海南无热带水果喷雾干燥深加工技术的空白，改写了海南椰子粉全部依靠进口的局面。春光食品成为海南唯一一家利用自主技术和设备生产椰子粉的厂家，为争夺市场打下了坚实基础。

2009 年，春光食品遭遇了一次危机。由于受到恶意诽谤，其糖果产品被迫下架。经过辟谣和通过法律途径抗争，加上一些老顾客鼎力支持，春光食品最终走出了困境。

依靠自主创新，春光食品不断进行产品升级，成功开发了包括可可、菠萝、苦丁茶、菠萝蜜、南瓜、杧果、咖啡在内的多款新式糖果、饼干、糕点制品系列，以及低糖度、无糖度、纯天然的果汁速溶固体饮料等丰富的品种。目前，春光食品从原来仅有的几个单一产品发展到现在的六大系列 140 多个品种，产品工艺技术及纯度口感已达国际先进水平。如今，已占领 70% 岛内市场份额的春光拥有着“中国驰名商标”“国家重点龙头企业”“海南省名牌产品”“海南省著名商标”“博鳌亚洲论坛授权专用产品”等美誉。

正如企业创始人黄春光所言：“一个企业长期的生命力来自质量和创新，需要从一点一滴中，维护企业的品牌形象。”春光食品在质量管理上，投入巨资打造国际先进水平的生产线及环保工业园，并引入了国际标准强化产品质量，不管是原材料的选购还是生产加工，都已做到规范化、程序化。

（三）未来发展定位

海南大多数椰子粉生产厂家没有椰子粉加工生产线，所售的椰子粉均是从印度尼西亚、马来西亚等地购进后再分装销售；大部分的海南咖啡粉均来自老挝、印度等地，也属于分装销售。

自主加工的缺失，使海南特产企业陷入了恶性循环，无法做大企业，也没能力转型升级。黄春光认为：企业若能实现自主加工，将可以降低生产成本，提高利润率，从而拥有更多的资金进行技术创新、品牌推广、质量管控等。因此，海南各级政府要积极支持海南特产企业发展加工生产，打造产品品牌。

“一个椰子的价值有多少？有多大市场可供开发？”一个简单的问题，曾在2014年底召开的海南椰子产业发展研讨会上，问倒了不少从事椰子特产加工的企业家。即便不少人能将一个椰子身上能够利用的所有东西一一列举，但如何加工、如何开拓市场、如何推陈出新，能答上来的人寥寥无几。在国外，由椰子开发出来的产品就多达300多种，而在文昌市只有初级加工的几十种。

椰子品种少、原料少、产品单一、加工程度低、管理粗放等问题，一个个直白地呈现在眼前，让文昌企业必须正视当下椰子产品加工面临的现状。在椰子产业相对发达的菲律宾和马来西亚，椰子产品出口贸易额分别占其外贸收入的1.56%和4%，其椰子产品不仅有初级加工产品，还包括椰油制品、椰子醇、甲基酯等高科技含量的产品。

“菲律宾、泰国等国家开发出的功能性椰子食品，极大提升了椰制品的价值，10毫升的椰子油护肤品，售价高达十几美元。国内市场每年需进口椰子油约15万吨，海南却几乎不生产。”中国热带农业科学院椰子研究所副所长陈卫军说，目前已有100多个国家或多或少地在进口椰子油，一些椰子产品需求甚至呈几十倍地增长。

对于文昌市椰子文化企业来说，21世纪海上丝绸之路的建设是一个契机。加强与东南亚国家的联系，瞄准的不仅仅是国外的市场，在“走出去”的同时，还要引进来。东南亚国家和海南一样，拥有着椰子加工的传统，经过多年的发展，国外的先进生产技术、产品多元化开发经验都领先于海南。据《文昌市椰子产业发展规划》，文昌市未来将推进椰子产业规模化种植工程、椰子产业深加工提升工程、椰子产业科技创新工程等工作，即便面临困难，椰子加工产业永远是文昌的特色产业，也永远是文昌的优势所在，并将成为文昌融入21世纪海上丝绸之路的重要产业。

面对各种各样的挑战，春光食品在选择国外代理商时，未将资金实力作为首选因素，而是更看重代理商在食品行业积累的经验。做大做强海南椰子产业，让海南的椰子产品走向世界，这是黄春光的梦想，在这个梦想背后，黄春光的战略目标是：在未来进行地域式生产，在世界不同的地域生产当地的特色产品，形成一种固定的品牌培育和打造模式，在不同地域的市场深深地扎下根。

四、春光的三维营销模式

自1996年春光食品有限公司在文昌成立，便开始了它辉煌的品牌故事。经过多年来风雨的洗礼，已经成长为海南特色食品产业的一面“旗帜”。数据显示，在海南特产市场中，春光食品的市场占有率位居榜首，如果加上内陆市场和海外市场，在这场海南特产业的“群雄宴”中，春光食品更是稳坐头把交椅。

春光食品如今能够取得如此骄人的成绩，源自公司秉承创业之初的信仰：创新是品牌的生命之源。公司为了做出自己的品牌特色，不断引入国外尖端生产线，高薪聘请技术专家，改进产品的口味、包装。如今的产品以椰子为主导，同时融入新的热带产品，实现了产品的多元化。春光不仅在产品的生产方面进行创新，还试图通过创新销售渠道增加产品销售量，赢得消费者的心。黄春光说：“春光食品的目标是发展成为海南最具价值的旅游购物品牌之一，把海南岛的椰子产品推广到世界各地。”近20年来，为了提升市场占有率，春光食品不断创新经营策略。

目前，春光产品从研发生产到最终消费者之间的营销渠道实现了多元化。当前公司的营销渠道涉及三大基本类型：直营店、专营店、店中店等传统营销渠道，以现代互联网为平台的电子商务营销渠道，以及生产观光园、购物基地等创新营销渠道。春光的三大营销渠道相互补充、相互支撑，共同构成了春光的三维营销模式架构。

（一）传统营销渠道

春光公司传统营销渠道：一是“厂家—总经销商—二级批发商—三级批发商—零售店—消费者”的传统渠道；二是加快厂家直营店建设，直接由公司总部管控，展示公司整体实力提高品牌知名度和美誉度，同时能够直面消费者，了解消费者需求特点，使公司能够获取有效的市场信息；三是加盟专营店，对客户原有的店面按专营店标准进行改造，使公司的市场定位和目标市场的需求结构、消费档次相吻合，根据消费需求的变化及时调整商品品种和经营范围，同样也使得品牌在市场中更加稳固；四是在大卖场设立店中店模式，比如在沃尔玛、家乐福、大润发等大中型连锁超市以及百货商店或大型商店中设立专柜，巨大的客流量将带动消费积极性，更容易在消费者心中彰显产品品牌，塑造品牌形象。

让无处不在的“春光”留在市民、游客心里，除了让游客看得到，还要让游客买得到，是海南春光食品的市场攻略之一。2008年，春光食品实现了销售转型，根据统一品牌、统一形象、统一产品、统一装修的原则，在海南建构了海南特产专营连锁的全新模式，大大改善了海南市场上产品质量良莠不齐、消费者无所适从的情况。以三亚为发端，春光食品还在海口、琼海、万宁等全省主要旅游市县以极快的速度铺开了专营店，再配合其他的店面广告，形成了一张无孔不入的营销网络。经过十几年的发展，春光公司已经在岛内建立了200家专营店或店中店，齐全的品类、实惠的价格、优雅的环境、贴心的服务，使春光专营店成为海南商业中一种新模式和海南零售业的一道亮丽风景。另外，春光食品为游客提供了快递送货上门服务，游客再也不用担心购买量过大、携带不便的问题。一个企业要想做大做强，除了靠品质，更要靠服务，细致周到的服务也是一种营销策略，这也越来越成为企业间竞争的焦点。

（二）电子商务营销渠道

面对互联网在全世界的全面普及，电商渠道发展日趋成熟的大趋势，一位知名电商业内人士曾就传统企业电商化提出了参考性建议：传统企业进入电商渠道初期最好不要急于求成，可先在第三方电商分销渠道积累一定的经验后，再逐渐过渡至第三方平台自营店铺，最后可以考虑自建电商平台。走在时代前列的海南春光食品的电商渠道建设之路与此观点不谋而合，2010年8月春光食品入驻淘宝平台，通过嵌入企业官网不断扩大其网上商城的知名度，在淘宝官方网店步入正轨之后，又于2013年5月成功进驻天猫商城开设春光食品旗舰店，打开了第三方平台自营品牌的窗口，借助其官方微博的宣传带动众多目标消费者加入网购大军。借助伦敦奥运会的热潮，春光食品官方淘宝店和天猫旗舰店的成交量大幅攀升，其中椰奶咖啡和椰香酥卷等“消夜型”食品深受欢迎。

网络的特点为快速、高效、低成本，春光在互联网上进行信息资源的共享，有效降低了公司进入壁垒。并且网络作为一种新的传播媒体，其一对一的互动特性，不同于传统媒体面对大量“受众”的特征。从营销的角度来说，网络上生产者和消费者进行的一对一的沟通，便于了解顾客各自的需求、愿望及意见，将先前工业时代大规模的生产和营销改进为群体性甚至个体性的生产和营销，为消费者提供了极大的满足感，迎合了现代营销观念的宗旨。在不久的将来，春光食品将通过不断成熟和完善的电商渠道服务于更多的消费群体，使喜爱椰文化的人品尝到最正宗的海南风味。春光食品在畅销中国的同时也在大力拓展海外市场，受到了众多国内外消费者的喜爱。“春光”商标被国家工商总局认定为“中国驰名商标”，春光食品有限公司也被评为“农业产业化国家重点龙头企业”“全国农产品加工业示范企业”等。

（三）创新营销渠道

随着“国际旅游岛”上升为国家战略，海南省2020年旅游收入预计将增至1240亿元；其中旅游购物消费比重将达到旅游消费的40%，旅游购物消费对零售业的贡献率将达50%。火爆的海南旅游市场，势必将带旺海南特产业。这既为春光快速发展提供了良好的契机，也驱动了春光营销模式的革新。

早在2005年，凭借着国家对海南岛的大力扶持，春光就启动了与旅游深度融合的工业游战略：与旅行社合作，将游客引入集椰子加工观光为一体的海南特产旅游购物基地。短短几年，春光先后投入巨资在海南旅游线路上必经的琼海、三亚设立了两个前店后厂式的海南特产旅游购物基地。在这些花园式厂房里，游客可以漫步于椰树林立的小道，参观椰制品流程，购买最新鲜可口的椰乡美食，带回一份舒畅和愉悦。经过游客口口相传，春光很快就在岛外打出了名气。李敏说，当时海南的旅游购物点很多，但像春光这样融景区游览、工业参观、特产购买于一体的工业游景点还不多见，既丰富了海南旅游特色，也提升了旅游购物平台水平。

2014 年，文昌航天发射场实现首发，那一刻，文昌为世人所瞩目。文昌市旅游委主任薛向文预测，数年后航天主题公园开园营运，文昌旅游将会迎来“井喷”。紧抓文昌航天主题公园机遇，春光借势而为，又在龙楼航天城建设了新的春光食品工业园。据介绍，新园区占地 60 亩，除了生产传统招牌食品外，还将持续开发椰子食品新品类，建设饼干生产线，建成标准化的现代椰子产业园，投产后总年产量将新增 1.6 万吨，大力支持海南发展热带农业和绿色产业。另外，为进一步提升海南旅游购物平台，由旗下的海南春光兴隆咖啡有限公司打造的中国首家咖啡主题公园项目正在琼海兴隆如火如荼地开工建设，这一项目又将吸引来大量咖啡爱好者前来观光体验，前景一片光明。

与此同时，春光食品还积极开拓海外市场，积极参加广交会等各种国内外大型展会，并利用这些平台开拓新的市场。2010 年 11 月，海南春光食品通过了英国零售商协会（BRC）的认证，成为海南省同类企业中首家通过 BRC 认证的企业。春光食品正式进入了国际标准化优良产品时代，为海南食品企业率先挺进欧盟及全球市场打下了良好的基础。

如何才能在众多特色产品生产的品牌中赢得消费者青睐是公司一直深入思考的问题。春光集团凭借着它独特的销售渠道脱颖而出，分得了特色食品的最大一块蛋糕，并依靠其多年成功的市场销售经验，大胆开拓新格局，正在大步向多元化食品（集团）公司迈进。

案例结语

做大做强海南椰子产业，让海南的椰子产品走向世界，这是黄春光的梦想，也是春光所有人的梦想。从春光食品公司成立到今天，一路走来，春光始终试图通过各种营销渠道把海南岛的椰子产品卖到世界各地，让全国全世界的人们都了解春光、爱上春光。现在，经过风雨见过世面的春光，已然逐步实现了最初的梦想，期待在梦想之路上能走得更远。20 年的风雨与辉煌，所有有关春光的故事都留在了昨天，春光能否在未来的市场格局变化中名列前茅？最终的答案可能不会立即揭晓。但无论如何，春光的美好前景值得期待：它已再次昂首阔步、整装待发，向着更多样化、更国际化、更高标准迈进。

冯小刚电影公社的成长之路

采编/撰写：高　健　郭松燕　等

本案例以白描的方式，呈现了观澜湖·华谊·冯小刚电影公社从项目酝酿、正式启动，到落户海口并投入运营的前后经过，尝试解读了冯小刚电影公社的跨界运营模式及其竞争优势所在，同时也初步思考了冯小刚电影公社可持续发展的问题。应当说，冯小刚电影公社当前的成功并不意味着项目具备了长久的生命力，要想形成未来可持续性的盈利能力，项目运营方还需要在项目内容、运营创新、机制设计等方面做更多的探索。

一、引言

万州钟楼、蒋家公馆、新华日报社、荣光电影院、南洋兄弟烟草公司，老上海滩歌曲在街区上空徘徊，俨然处于20世纪早期的中国城市街区，一排排拔地而起的民国建筑还原了当年陪都重庆的建筑风格，看着难忘的被还原的电影场景、感受着浓郁的怀旧气氛、品味着学生时代的青涩，还可以与民国时期的巡警、穿着长袍的学生、打着花伞姑娘进行互动，久违的黄包车、报童也出现了……

这一路走来，坐落于海口市的冯小刚电影公社，不遗余力地向游客们展示着浓郁的民国风情。漫步其间，仿佛穿梭了时光隧道重回八十年前的重庆。尽管2015年国庆期间，台风“彩虹”袭击了海口，冯小刚电影公社接待游客人数比2014年同期略有下降；但因其极具文化特色并配备有丰富多彩的表演节目，冯小刚电影公社仍然受到了岛内外游客的热捧，魅力不减。

二、电影公社项目概况

冯小刚电影公社是由观澜湖公司携手华谊兄弟公司、著名导演冯小刚巨资打造的独具中国特色的电影旅游商业项目，2012年10

月，电影公社项目奠基，开始开工建设；2014 年 6 月初试运营。

电影公社坐落于观澜湖海口国际高尔夫度假区，总投资 55 亿元人民币。作为全球首个以导演名字命名的电影主题项目，冯小刚工作室持有 5% 的股权，华谊兄弟持有股份 35%，观澜湖公司占 60% 的股份。电影公社占地面积 1400 亩，建筑面积 950 亩。该电影公社以冯小刚《一九四二》《唐山大地震》《非诚勿扰》等冯氏经典电影场景为建筑规划元素，打造综合娱乐商业区，由七个主题区组成：1942 街、南洋街、老北京街、影人星光大道、教堂广场区、冯氏贺岁电影园林景观区，以及包含全球最大的 8000 平方米摄影棚在内的大型摄影棚拍摄区。电影公社向人们呈现了一个“乌托邦”式的电影主题旅游胜地，将电影元素融合在现实建筑中，让游客触手可及，感受岁月、感受历史，体验一次穿越时空之旅。相继开放的 1942 街、影人星光大道，吸引了来自国内外的游客前来观光游览。据统计，自 2014 年 6 月 8 日开业至今，电影公社的游客接待量超过 100 万人次，平均日接待游客 2000 人，周末超过 3000 人。2014 年国庆黄金周和 2015 年春节黄金周期间，电影公社平均每天接待游客达到 13000 人次，成为名副其实的万人迷景区。

电影公社的创意来自冯小刚，之所以取名“电影公社”，而不是“公园”，或别的名字，是因为冯小刚自称是个理想主义色彩很浓的人，不论是巴黎公社，还是人民公社，都是一种不论贫富、共同拥有的概念，而冯小刚本人与“人民公社”同诞生于 1958 年，因此这个项目也被称为“电影公社”。而这次合作项目就是希望把电影里的光影固化成一个让人们流连忘返的美好休闲世界，希望走进电影公社的人，站在 20 世纪 40 年代的街头，或是具有南洋风格的老海口的街头时，有一种超现实、恍如隔世的感觉。

建电影公社的初衷，是舍不得电影里的场景。多年来，冯小刚一直有这么个想法，建立一个地方，能够将电影元素进行还原，使电影文化更好地呈现出来，这不仅是一个想法，而且是他的一个梦想，更是许多电影人的梦想。正如冯小刚导演在他为电影公社度身剪辑的“贺岁电影集锦”开篇里所说：“其实每拍一部电影，我们都会遇到各种各样难以想象的困难，这些困难有时候让你吃不下饭，睡不着觉。但是因为有你们，有在座的各位最可爱的观众朋友们，你们对我电影的认可，对中国电影人的尊重，让我们有了克服困难、坚持下去的力量。是你们陪着我拍出了一部又一部的电影。而渐渐地，我想的更多的问题是，除了拍出更好的电影，拍出更高水平的作品，我还能用什么样的礼物来回报你们。此时此刻，我想我已经找到了答案。都说电影是造梦的艺术，在我看来，建造这个电影公社，是真正把梦想变成了现实。漫步在电影公社的每个角落，我想你们会感受到，我的这份礼物究竟是什么。”

“凝聚光影记忆，让银幕里的一切触手可及”，打造独具“乌托邦”式的电影主题旅游胜地，正是观澜湖·华谊·冯小刚电影公社建设的初衷和目标。

三、电影公社开发与建设过程

2012 年 5 月 24 日，华谊兄弟通过其全资子公司华谊兄弟（天津）实景娱乐有限公司（以下简称“实景娱乐”）与海南骏豪旅游发展有限公司（以下简称“观澜湖公司”）及北京一帆风顺影视文化工作室（以下简称“冯小刚工作室”）在海口市共同投资开发了“观澜湖·华谊·冯小刚电影公社”项目，签署了《项目合作框架协议书》，上演“三个男人一台戏”的跨界合作，打造中国最具特色的电影旅游商业项目。

从2012年10月21日，冯小刚电影公社在海口举行奠基仪式开始，一直备受关注。

冯小刚电影公社的设想在海口实现，并不是偶然，而是必然，海口具备这样的条件，具有南洋文化特色和丰富的旅游资源的优势。海南是冯小刚和王中军实现梦想的地方，两部《非诚勿扰》与三亚结缘，如今冯小刚电影公社落户海口。

2013年12月29日，第十四届海南岛欢乐节，电影公社作为海口分会场的一个亮点，虽然还没有正式开放，但已经吸引了海口市民和游客的关注，都想先睹为快，最高峰时一天达到2万人。

2014年6月7日，电影公社举行了盛大的开街仪式。仪式现场聚集国内一线的明星、导演、名人、名流逾600人。

2014年6月8日，1942街正式开放，当天吸引游客超过1.2万人。此后，电影公社平日人流量每天达2000～2500人，周末可达到6000人左右。

2014年10月1—7日，电影公社迎来了第一个“十一黄金周”。7天总共接待游客超过8万人次，平均每天接待游客13000人次，成为名副其实的万人景区。

2014年10月23日，电影公社又一次星光绽放。2014年观澜湖“世界明星赛”红地毯及开幕式在1942街举行。摩根·弗里曼、妮可·基德曼、“美国队长”克里斯·埃文斯、“甜心宝贝”杰西卡·阿尔芭、姚明、甄子丹、周杰伦、冯小刚、陈道明、王志文等国内外一线明星，以及盖瑞·普莱尔、格雷格·诺曼、约翰·达利等国际知名高尔夫球手，都在1942街留下星光。

2015年2月19日，电影公社迎来首个春节黄金周。在国庆黄金周的带动之下，春节黄金周客流量再创新高，平均每天接待游客1.5万人次，成为海南第二大游客接待量景区。此次春节黄金周，得益于电影公社人流的激增以及海口观澜湖旅游度假区带来的客流，海口春节期间的游客人数首次超过三亚。

2015年6月7日，电影公社成立一周年，游客总接待量超过100万人次。

四、电影公社的跨界运营模式

在这个充满电影气息的冯小刚电影公社内，将引入500多个商家，所有电影中有名的场景都代表着无限商机，华谊兄弟大量电影场景被建设成为主题商业街区。届时，收取商铺租金将成为主要的盈利来源。而冯小刚工作室负责授权项目公司使用冯小刚的名字、项目公司则需向冯小刚工作室支付相应的授权使用费和分成收益。

不难看出，电影公社除了圆冯小刚一个电影梦之外，更为冯小刚进军旅游业打开了一扇新的大门，为华谊兄弟搭建了一个进军地产业的跳板，也是观澜湖公司向多业态转型的一个里程碑。一家是中国旅游休闲产业的领航企业，一家是中国娱乐产业的领军公司，一位是中国内地最具电影票房号召力、被誉为国民导演的著名导演。此次是首次奏响“集结号”，上演“三个男人一台戏”的跨界合作，三强联手将成为电影文化旅游与休闲旅游产业跨界结合的经典案例。

冯小刚用电影成功搅热了杭州西溪湿地、三亚森林公园等旅游景区后，正式“涉足”电影旅游，能将电影文化和旅游相结合，本身就是一种魅力，而这种魅力让冯小刚下决心携手华谊、观澜湖在海口兴建电影公社，让更多的人分享电影文化旅游的魅力。

作为国内“全娱乐创新工厂”，华谊近年来一直在努力拓展电影衍生品的板块，四处奔走寻求合作伙伴，恰逢冯小刚建设电影公社的构想成形。文化旅游是华谊兄弟衍生板块的重要组成部分，而冯小刚电影公社是华谊兄弟文化旅游业务又一重要落子。华谊兄弟通过推动文化旅游地产项目的主力军——实景娱乐与项目公司签署《商标许可使用协议》，授权项目公司使用“华谊兄弟”品牌、商标。三方约定，实景娱乐负责提供电影相关资料，配合完成项目策划工作，项目公司向实景娱乐支付许可使用费、创意服务费。

观澜湖海口国际高尔夫度假区拥有全国唯一的大规模火山岩高尔夫球场群和亚洲最大的火山岩矿温泉主题公园，中国最大的SPA水疗中心，并汇集了气势恢宏的酒店会所、商业美食等配套设施。在建的项目还包括观澜湖兰桂坊、丽思卡尔顿酒店、低碳小镇等项目，是海南国际旅游岛的新地标。随着海口观澜湖·华谊·冯小刚电影公社的锦上添花，以及每年在这里轮番举行的高尔夫世界杯和世界高尔夫明星赛等国际盛事，海口观澜湖将成为海南国际旅游岛首屈一指的休闲胜地和国际名片。作为冯小刚电影公社项目公司的实际法人，朱鼎健也将该项目视为观澜湖公司从高尔夫休闲地产向多业态转型的一个里程碑。

朱鼎健掌舵观澜湖后，其一直在突破父亲朱树豪管理观澜湖的模式，而通过合作来发展观澜湖就是其中的一个突破口。目前看来，备受外界关注的冯小刚电影公社也是其新增的一项内容，这项内容的开展也为观澜湖引入了合作的发展模式。

五、电影公社的竞争优势

诸如此类的主题公园、影视基地，在国内各地并不新奇。冯小刚电影公社怎样才能在激烈的竞争中突出重围？拥有哪些竞争优势和亮点？

（一）同类项目的经营现状

1987 年，我国最早规划建设的影视拍摄基地——央视无锡影视基地落成。当时，国内影视业正处于起步阶段，出于对“拍戏”的好奇、对明星的热捧，无锡影视基地一时间成了极其热门的旅游景点。之后的 20 多年里，一场影视城“大跃进”席卷全国，到 2004 年国内影视基地就已超过 100 家。而与其数量急剧增长不成正比的是，很多影视基地长时间没有剧组进驻，以致这波投资热潮曾一度冷却。

国内主题公园运营总体不好，70% 的主题公园赔钱，20% 处于盈亏平衡，只有 10% 在盈利。影视基地作为文化产业的一个环节，在仅仅为制片方提供趋近的单一功能下，目前已过多过滥，总量上严重供过于求。这些影视产业硬伤明显：产品单一、没有形成完整的产业链。影视城的性质是高投入，资金回收周期长。很多影视城建成后，缺乏后续资金投入，对剧组和游客没有吸引力，最终陷入困境。忽视了影视旅游发展的特点和规律，产生了景区布局不合理、景区环境差、旅游配套设施不完善、接待服务能力低等问题。

（二）电影公社的竞争优势

目前，国内已有上百家此类的影视城（基地）或主题公园，冯小刚电影公社乍看起来与之并无太大差异。实质上，冯小刚电影公社打造的是一个度假区，其中不仅有娱乐设施、度假生活，更可以让观众感受电影、娱乐、中国建筑历史演变的魅力。从项目名称、创意到背景，冯小刚电影公社拥有得天独厚的资源。

1. 投资成员阵容强大

冯小刚电影公社阵容强大，一家是中国旅游休闲产业的领航企业，一家是中国娱乐产业的领军公司，一位是中国内地最具电影票房号召力的著名导演。在这样的背景下，共同打造全球首个以导演个人名字命名的电影主题旅游项目，可以说是一个很有创意的广告或噱头。国内和国外游客很多都是为了《非诚勿扰》场景前往亚龙湾，而冯小刚电影公社是以导演个人名字命名的影视旅游景点，对于只是想去游玩的游客而言，一般都是奔着冯小刚导演的名号前往的。

2. 多元化旅游景点建设

冯小刚电影公社是集建筑旅游、电影旅游、商业旅游于一体的多元化旅游景点。某种程度上说，这个电影公社尽管有些“四不像”，但的确是一种创新。它并非典型的电影城，也非严格意义上的主题公园，更不是单纯的电影时尚街区。电影公社看上去像是迪士尼乐园和环球影城结合体的删减版——像环球影城一样将经典电影场景予以再现，又如迪士尼乐园那样靠休闲度假实现盈利；然而，电影公社又摒弃了单纯依赖门票收入的盈利模式，让电影在现实生活中复活，有些穿越，但又接地气。比如1942街的整条街道从钟楼广场到街尾牌坊的长度共280米，其中20多栋建筑完全按照老照片复原，包括曾为蒋介石官邸的尧庐、西山钟楼、重庆国泰戏院、上海融光大戏院等，每一栋建筑背后都有一段流逝的故事，令人追忆和回味。电影公社以冯氏电影场景为特色建筑风格的街区中，聚集了不同品牌和特色的美食、餐饮、娱乐、购物、电影院、咖啡屋、音乐屋、酒屋、精品店、精品酒店，难忘的电影场景，浓郁的怀旧气氛，日与夜转换的旅游商业街区，使整个项目集建筑旅游、电影旅游、商务旅游于一体，游客可在逾500家商家中消费、休闲、娱乐。电影公社街道不长、占地不多，却很有空间感和层次感，细节精致，外观怀旧，内部又有现代化的设备和设计，照顾到了现代消费者的需求，充分体现了规划设计和建设的良苦用心。

3. 海南地区唯一的影视拍摄基地

借助海南岛无可比拟的气候优势，作为七大主题区中重要的一部分，大型摄影棚拍摄区从设计到建造实施，完全按照国际最高标准进行，成为中国电影人和电影电视拍摄的一个聚集地。大型摄影棚拍摄区包括一个目前全球最大的8000平方米摄影棚、一个5000平方米摄影棚、两个3000平方米摄影棚，动力车间、制景车间、道具车间、外景搭建区，以及一栋规划超过500个房间的影人公寓等。此外，还预留场地用于外景搭建。综观国内已经建成并投入使用的影视基地，电影公社大型摄影棚拍摄区已与横店影视基地、中影（怀柔）影视基地呈“三足鼎立”之势，成为国内三大影视基地之一。

案例结语

作为海南国际旅游岛建设的重大成果和海南文化旅游的标志性项目，冯小刚电影公社不仅丰富了海南的旅游资源，提升了海南旅游产品品位和吸引力，实现了旅游和文化的深度融合，同时也有效改变了海南旅游“南重北轻”的格局。电影公社能否一如既往深受游客欢迎，是否能保持持续的盈利增长点，还要看后续的运营能力。

但是，电影公社项目的发展前景仍然被不少业内人士所质疑。冯小刚电影公社背靠观澜湖公司在海口的高尔夫度假区，打的却是“冯小刚”的牌——以冯氏经典电影场景为建筑规划元素，打造综合娱乐商业街区。也就是说，从餐饮、娱乐到购物、住宿，都设置在“以冯氏电影场景为特色建筑风格的街区中”。冯小刚固然是国内最具影响力的导演之一，但其作品的主题和风格不具有统一性，无法形成如迪士尼动画那样的规模效应。也就是说，这个以特色建筑群为主的电影公社，更多应被视为观澜湖海口度假区的商业配套，其盈利前景取决于整个度假区的经营状况。如何破解这个局，是电影公社运营方今后不得不慎重考虑的。

无论如何，冯小刚电影公司已经在成长的路上，期待着它在未来能够探索出一条更具潜质和可持续发展之路。

图表索引

中联水产集团的一体化战略

图 1－1　中联集团的组织架构 ………………………… 4

图 1－2　中联集团主要市场销售变化情况 ……………… 8

图 1－3　中联水产集团产业链框架……………………… 16

表 1－1　2011—2015 年中联集团利润率 ………………… 8

表 1－2　工业企业规模划分标准………………………… 10

表 1－3　SWOT 战略矩阵 ………………………………… 15

海航集团多元化的跨国并购模式

图 2－1　海航集团的组织结构框架……………………… 31

表 2－1　2007—2011 年海航集团的国际并购举动 ………… 36

海源实业“公司＋农户”模式的演变与创新

图 3－1　海源实业“公司＋农户”基础模式 ……………… 55

图 3－2　海源实业的“公司＋农民合作社＋农户”模式 … 58

图 3－3　海源实业“公司＋农民合作社＋资金互助社＋农户”模式 ……………………………………… 63

表 3－1　公司贷款发放情况……………………………… 64

“三像”企业文化助飞海南英利

图 4－1 海南英利组织架构…………………………………… 73
图 4－2 海南英利员工学历层次……………………………… 74
图 4－3 海南英利员工年龄结构……………………………… 74
图 4－4 国内光伏企业产能、产量情况……………………… 76

海胶集团的 IPO 之路

图 5－1 海胶集团组织架构…………………………………… 95
图 5－2 上海期货交易所 1999—2010 年沪胶指数走势…… 102
图 5－3 海胶集团第二次上市前主要经营性指标（1）… 107
图 5－4 海胶集团第二次上市前主要经营性指标（2）… 108
表 5－1 海胶集团设立以来胶林的总体情况……………… 96
表 5－2 海胶集团上市前三年主要营利性指标…………… 98
表 5－3 海胶集团 2010 年 3 月招股说明书中所列募集资金使用情况…………………………………………… 99
表 5－4 1950—2005 年登陆海南岛的热带气旋时间分布…… 101
表 5－5 1950—2005 年给海南农垦带来重大损失的台风…… 101
表 5－6 海胶集团 2010 年 12 月招股说明书中所列募集资金使用情况 ……………………………………… 108

三亚千古情“文化＋旅游”模式

图 6－1 以文化为精髓的“主题公园＋主题文化演艺”模式 ………………………………………………… 123
图 6－2 “文化为魂”的理念贯穿始末 …………………… 129
表 6－1 三亚千古情景区演艺秀节目单 …………………… 118

基于价值网络构建的槟榔谷模式

图 7 - 1　槟榔谷基础员工的类型划分 …………………… 138
图 7 - 2　槟榔谷 BOP 员工的层次关系 …………………… 141

热带雨林天堂的生态价值观

图 8 - 1　亚龙湾热带雨林天堂森林公园组织结构 ………… 156

大小洞天发展有限公司的文化竞争力

图 9 - 1　大小洞天的文化管理体系 ……………………… 175
图 9 - 2　大小洞天文化管理的三轮驱动 ………………… 175
图 9 - 3　大小洞天文化与管理的有机融合 ……………… 182
表 9 - 1　大小洞天的经济效益 …………………………… 187

天涯网的战略转型

图 10 - 1　天涯网的成长历程 …………………………… 195
图 10 - 2　网络文学产业链 ……………………………… 201
表 10 - 1　2015 年公司股票定向发行前后的募资情况 …… 199
表 10 - 2　2013—2014 年公司财务报告 ………………… 200
表 10 - 3　2013—2014 年天涯网的作者与作品情况 ……… 202
表 10 - 4　2013—2014 年天涯网收入结构变化 ………… 205
表 10 - 5　网站流量及其他 ……………………………… 206
表 10 - 6　渠道内容合作项目的收入情况 ……………… 207
表 10 - 7　公司的研发投入情况 ………………………… 212